金剛經探微述要

佛尚無說，汝何有著?
須知法不孤起，起必依緣，所以者何?自性空故。
緣起性空，有即非有，性空緣起，無亦非無。

普行法師◆著

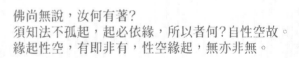

自序

或問：佛尙無說，汝何有著？須知法不孤起，起必依緣，所以者何？自性空故。緣起性空，有卽非有，性空緣起，無亦非無。竊爲明佛無說之說，不得不有無著之著。故特序此緣起於後，而爲之對。

佛爲度無量衆生，說無量法，而以金剛般若波羅蜜經爲總持。故經云：『一切諸佛，及諸佛阿耨多羅三藐三菩提法，皆從此經出』。因此衆生之入道者，幾無一不以此經爲梯航。是經也：勝義深淼，出乎言筌之表；妙理恢廓，不落文字之囿；越三際而不見其始終；函十虛而莫知其內外；破無有之有，不壞假名；顯不空之空，妙行無住；直指如來於諸相非相；洞察衆生之諸心非心；融二諦而從容中道；泯斷常而不著二邊；建平等於無上道，遍法界而無不如如；設六喩以狀有爲，盡人法而無一可取。是實相印，至極究竟。故經云：『如來爲發大乘者說，爲發最上乘者說』。因此衆生之入道者，又幾無一不以此經爲難聞。

然！此經旣因總持無量法故，爲衆生入道之梯航；又因勝義深淼，妙理恢廓故，爲衆生所難聞；徒使慕道之士，瞻望咨嗟，徘徊於佛門之外，而抱向隅之感者何也？曰：此無他，「道心唯微」也。自唯物史觀之說興，其影響所及，人欲爲之橫流；聖道爲之陵夷；乃至三武之難，重見於今日之大陸；使在纏衆生，不得解脫之門而入者何也？曰：此無他，「人心唯危」也。如此！佛法自佛法；衆生自衆生；道心自唯微；人心自唯危；而我爲沙門，猶耽梵唄繞梁以孤賞，處阿蘭若以自覺，儼然無事道人，視如秦越者又何也？曰：此無他，「道不遠人，人之爲道而遠人，不可以爲道」也。

蓋：佛法本非離於衆生，道心亦非不卽人心。若離衆生而求佛法，不卽人心而求道心，則佛法奚足爲法？道心又奚足爲道哉？故大乘主悲智雙運，自他兩利，卽生死而涅槃，煩惱而菩提也。然則！弘揚此總持無量法之金剛般若，使佛法爲度脫在纏之衆生而不失爲法；道心爲救正唯危之人心而愈顯其微；豈非爲乘大乘者，應擐之大功德鎧乎？興念及此，未嘗不內疚神明，投袂而起，欲爲無爲也。

五十三年春，獅子吼雜誌，由側重於一般文藝性之季刊，發展改進爲純一佛學性之月刊，高擧法幢，徵八方志士，同聲一吼。其目的卽在：起頽廢之末法；挽欲海之狂瀾；輔翼仁政；匡濟時艱。竊因近水樓臺，忝在徵末，故不揣駑下，稾筆以應。拙著卽以此爲增上緣而現起矣。既經獅刋連載完畢，因魯魚豕亥之誤，尚待勘正，及阮囊羞澀，無力出版之故，未能立應部分讀者之需求。大概爲仁者不富，樂道者安貧，故亦未便向各方同道，呼籲資助。今勘正既告竣事，即輸全年官俸所入，悉資剞劂，分贈善信以廣行化。雖不敢自以謂是：『一切智智相應作意，大悲爲上首，無所得爲方便』之菩薩大行。然所望於以是經爲梯航而入道之士，確應循此航程而達彼岸。願共勉之，是爲序。

中華民國五十六年元月一日比丘釋普行於臺灣

金剛般若波羅蜜經探微述要分科表

金剛般若波羅蜜經探微述要

比丘　釋普行著述

甲、釋經題

「金剛般若波羅蜜經」，是本經的經題。什麼叫做經題？就是把諸經分門別類，給他起個名字，使人顧名思義，對全經的義理與特性，有一個概念。所以古訓「題」義爲「顯」。題分通、別，玆先釋別題，次釋通題，再次合釋。

一、別題

金剛般若波羅蜜——因爲這七個字，是本經特立的名稱，不和他經通同之故，所以名爲別題。諸經無量，別名亦無量，但其組成的法則，據古德所判，不外以人、法、喻三個名詞，分合爲七種立題而已：①單以人立，如「佛說阿彌陀」。②單以法立，如「大涅槃」。③單以喻立，如「梵網」。④合人法立，如「地藏菩薩本願」。⑤合人喻立，如「如來獅子吼」。⑥合法喻立，如「妙法蓮華」。⑦合人法喻立，如「大方廣佛華嚴」。本經題是合法喻而立的。「金剛」二字是喻，「般若波羅蜜」五字是法。今分：金剛、般若、金剛般若、波羅蜜、金剛般若波羅蜜次第分合釋之如左：

金剛——梵語爲「縛日囉」，義譯爲金剛；亦名「金剛鑽」；亦名「鑽石」；是一種礦物。他的體質，非常堅硬，不爲一切物所壞；他的功用，非常銳利，能壞一切物；通常無色，光明晶澈。全世界除非洲、印度、巴西等地有少數出產外，餘地皆無，所以被人視爲希世奇珍，持有之者，盡是富貴人家。因此！人們往往把他喻爲某一部門，或一品類裏的優勝人物。在佛經裏，以金剛喻人、喻法、喻物的，也數見不鮮。例如：涅槃經以金剛喻佛身；仁王經以金剛喻佛智；其他如：金剛三昧、金剛力士、金剛杵等，無非都是取其堅利，能抵禦邪魔，摧毀邪魔之義。般若爲一切經之總要，今亦以之爲喻，當知此金剛，又是一切金剛中的金剛了。

般若——是梵語，本土譯爲「智慧」。但這個智慧，不是世間凡夫應事接物，爭名奪利，所運用的聰明智慧，而是如來的圓常大覺。因爲本土除「智慧」二字，別無更適當的名詞，來代表般若的意義，又怕學者誤與世智混爲一談。所以經中仍用梵語般若，而捨譯義的智慧。今爲釋經，不得不假智慧二字的方便，以明般若之義。因此凡夫的智慧，和如來的大覺，實有作如下分析的必要。

凡夫的智慧，是第六識分別妄立的知見，和第七識的我、法二執。妄識無體，刹那生滅，故其所立與所執，都是有爲造作，對一般現象的認識，也都如杯弓蛇影似的錯覺。計無常爲常，計苦爲樂，計五蘊假合爲我，煩惱染汚爲淨。本是愚痴，爲顚倒故，說名智慧。

如來的圓常大覺，勝義諦中離於言說，今依世諦安立名相，假說有三：①實相般若。②觀照般若。③文字般若。玆依次述之如下：

何謂實相般若？世尊爲適應機宜，說名不一，有時對差別諸法說眞如；有時對衆生說佛性；有時對生滅說涅槃；對有爲說無爲；乃至無師智，自然智，舉不勝舉。我們初學的人，往往不能舉一反三，觸類旁通，反爲這些名異而實一的名相所困惑。不免循行數墨，入海算沙，想找出一個最滿意的答案，到底實相是個什麼樣子？那知實相甚深，非證莫知。不是語言文字所可形容，意識所可想像的。卽令你把有關實相的名相，都能解了通利，也是枉然。所以法華經云：『唯佛與佛，乃能究竟諸法實相』。然實相亦非不假語言文字的方便，而能使衆生離執而契入的，所以佛說無可說之法，殊非得已。那末我們如欲了知實相，除非於此經中解佛所說義。

『是實相者，則是非相，是故如來說名實相』。這是須菩提聞說是經，深解義趣之後的自白。凡所有相皆是虛妄，無非依他緣起，生滅如幻，所謂：『此生故彼生，此滅故彼滅』、。因生名有，因滅名空。乃至諸相各異，名言亦殊。衆生不達，執取名相，隨成倒想。實相則否？乃法爾本具的絕待眞理——法性。既非生、滅，亦非有、空，乃至非一切諸相。所以說：『則是非相』。既非生、滅、有、空，乃至諸相，當亦無名可說。古德云：『若說著一物，卽不中』。然！如來爲使衆生離諸妄相，還其本眞故，不得不藉假名而說實相，所以說：『是故如來說名實相』。因此有人說實相是離於空、有兩邊的中道義。不知若了有如幻，則有爲卽空之有；若了空如幻，則空爲卽有之空；如此空有雙卽，亦復雙遣，既無二邊之可離，那裏有中道可說。因此又有人否定實相。不知實相不但無相，且亦無不相。因爲自體常寂，相不可說；妙用隨緣，不相亦不可說；相不相俱離，畢竟空故。如果否定了實相，則一切法都成斷滅——邪見。所以世尊爲斷此邪見故，特說：『空藥治有，無藥治空』，以警惕學人。因爲實相是具有此種正智的理體，所以名謂實相般若。

何謂觀照般若？實相雖爲一切衆生所本具，唯被無始無明所障蔽，不但常人徧計所執的不覺；外道奉其權威之神，或持戒修定以求生天的邪覺；都與實相背道而馳。就是二乘行者，得空無我慧，不受後有的正覺，亦與大乘的大悲大智，平等無二的實相，不能相應。然實相在衆生的迷位，並沒有少分虧損。譬如一輪圓明的皎月，爲密雲所掩，不見光明；而此圓明的月體，並不因爲雲掩而變質；一旦風吹雲散，則月、明依舊。所以佛說：『衆生皆有如來智慧覺性，惟因妄想執著，不能證得；若無妄想執著，則無師智、自然智，即時現前』。無師智、自然智，就是如來智慧覺性——實相。因爲非學而能，所以名無師智；非由造作，所以名自然智。我們要想把妄想執著，像風吹雲散似的一掃而空，現出我們本具的如來覺性——實相，必須以般若慧，觀察照了一切法緣生無性，而達於畢竟空的實相理境。如本經所說：於法無住、見相非相，三心叵得、六如作觀等，無非都是觀照的妙行。因爲這種觀行，是理體本具的正智，所以名謂觀照般若。

何謂文字般若？語言是表達事物義理的聲塵，文字是以符號記述語言的色塵，其功用能把語言所表達的事物義理，從一時一地，傳之於天下後世。因人類居住部落的隔離，在文化發展上，各各有其不同的語言文字，須賴翻譯以互通其義。然這裏所說的文字，指的是內典，不是普通的書籍。因爲普通的書籍，所記述的是世界有漏知識，甚或是荒謬的邪說，不得名爲般若，唯內典所記述的是佛不曾說著一個字的言教——觀照實相的眞詮，方得名爲般若之故。要知佛住世時，是以音聲為教體，衆生隨聞得解。佛滅度後的未來際衆生，必須依展轉傳譯的經文，解佛所說義。凡經典所載佛的一切言教，雖不盡名般若，却是與般若同一體系而不可分離的。如本經云：『一切諸佛，及諸佛阿耨多羅三藐三菩提法，皆從此經出』。是般若實為出生一切佛法的慈母。又如『戒生定，定生慧』。是般若又為戒定之所成就。據此可知般若總攝一切法，一切法不離般若。不過約詮理深妙的特性，但名靈鷲山、逝多林等四處十六會所說的經，謂般若罷了。本經是說在十六會中的第九會，詮理尤具深妙，可謂般若中的般若了。

不寧惟是！文字之所以名謂般若者，因般若無相，文字亦無相故。學人如果著了文字相，則文字只是文字，何得名謂般若？所以本經說：『如來所說法，皆不可取、不可說、非法、非非法』。仁王經說：『所有宣說音聲語言文字章句，一切皆如，無非實相，若取文字相者，卽非實相』。據此可知，只要不著文字相，則一切經典的文字皆是般若，非但般若經的文字是般若耳。

金剛般若——這有兩派不同的解說：①玄奘派的解說，是以般若為能斷煩惱的智慧，以金剛喻所斷的煩惱。正明煩惱如金剛似的難斷，反顯般若智慧功用的勝妙。這種解說，固無不可，然！金剛為希世奇珍，煩惱則充斥世間；金剛不但不為一切物所壞，且能壞一切物，煩惱雖然難斷，却不能損及眞如實相的分毫；如以之喻煩惱，似乎不甚恰當。所以學者每多懷疑，這不是梵本的原義。②羅什派的解說，是以金剛喻般若。因為實相般若，是空寂的性體，在塵不染；隨緣不變；歷三塗六道也罷；超凡入聖也罷；不受任何善惡因緣的影響，而有所損益；所以把他喻為金剛的堅硬。觀照般若，是行持的功德，能破執除障，殺煩惱賊，而證入實相；所以把他喻為金剛的銳利。文字般若，是開解佛知佛見，以策導衆生觀照實相的妙法；所以把他喻為金剛的光明。如此般若，娑婆世界，唯佛能說，千劫難逢，所以把他喻為金剛似的希世奇珍。受持般若的功德，不可思量，所以把他喻為持有金剛的富貴人家。這種解說，是最恰當不過了。所以易為學者所推崇。但我們應當知道，金剛雖是希世奇珍，畢竟是個有質礙的東西，並非絕對能壞一切物，不為一切物所壞。若遇到七七〇度的氧熱，就會把他燒成氧化碳，遇到龜甲和羚羊角，他的銳利，便不能發揮效用。挪他來比喻般若，豈非貶低了般若的功德？般若是本具的理體正智，不但無物可喻，且亦無法可說，今以金剛為喻，般若為說者，乃佛的大覺悲心，為衆生故，不得不假方便，以不足為喻的金剛為喻，本無言說的般若為說耳。千萬不要誤會金剛就是般若。

波羅蜜——通常譯爲「到彼岸」。或簡譯爲「度」。或譯爲「事究竟」。「彼岸」是個對待的名詞。既有彼岸，必定有個與之相對的此岸。既有彼此兩岸，中間必定有一道主流爲之隔離。「到彼岸」，就是由「此岸」度過中流，到達了對面的「彼岸」。這在佛經裏，是個常用的法兼喻詞。以彼岸喻有餘、無餘二種涅槃，此岸喻分段、變易二種生死（凡夫由煩惱障所感的三界正報爲分段生死。阿羅漢由所知障所感的界外正報爲變易生死）。中流喻煩惱、所知二障。「到彼岸」，就是從二種生死此岸，度過二障的中流，到達了二種涅槃彼岸。然以「事究竟」而論，小乘但了分段生死，斷煩惱障，住有餘涅槃，不得名爲波羅蜜。因其未離所知障，尚餘變易生死未了，不具身智，非功德法之所依故。唯大乘離所知障，了變易生死，證無餘涅槃，方得名爲波羅蜜。因其具有無邊身智，究竟諸法實相，圓成自他兩利的一切功德之故。

金剛般若波羅蜜——般若不過是六度中的一度，何以獨舉之以名波羅蜜，而且喻之以金剛呢？誠以般若一度，爲其他五度的眼目，如果其他五度離了般若，就成爲盲目的行者，難以到達彼岸了。例如沒有般若妙慧的人，就無法做到檀波羅蜜的三輪體空，而圓成自他二利的功德，如再顛倒說法，變二利爲二害，那就更不堪設想了。忍進等四，亦復如是。（大般若經多問不二品說：布施等五波羅蜜多，皆由般若波羅蜜多所攝受故，乃得名為波羅蜜多。）所以但舉般若一度，以賅其餘，復喻之為金剛，以表顯其功用的殊勝。然！般若，亦非離其他五度，而獨擅金剛似的殊勝妙用名波羅蜜。如果不行布施等法，以為莊嚴，則般若，充其量也不過等於二乘的偏空慧。所以說金剛般若波羅蜜，無異的是說金剛六波羅蜜。

二、通　題

經——這叫通題，因與他經同此稱謂之故。梵語「修多羅」，本義為線。由線的功用，引申為貫穿、攝持、契合等三義。佛經取修多羅之名，即謂能貫穿佛語，攝持不失，上契佛心，下契衆機的意義。本國「經」字，按古訓較修多羅攝義，尤為深廣而謹嚴。玆略述如下：①聖言——非聖人所說，不得僭稱為經。②縱貫——與橫線交織之線曰經。③常道——經常不易的道理。④驗證——凡親證的事物之理曰經歷。在訓解裡，雖未註明有契合之義，而契合之義，已暗含在內。大學經上說：『自天子以至於庶人，壹是皆以修身為本』。中庸經上說：『凡為天下國家有九經』。經為聖人所作，豈非上契聖心？天子庶人同本此經而修，天下國家同本此經而治，豈非下契衆機？古德以經字翻修多羅，是再恰當不過了。有人說：

『我國經字，不含契合之義，與修多羅原義少嫌不足，故古人稱佛書曰契經，以補足原義，顯此是佛經，非他教經，至於釋經爲常、爲道，此乃經字引申之義．修多羅中原無此義，故釋經不宜引用』。照這樣說，我們認爲本國的經字，不含梵語修多羅中契合之義，就得畫蛇添足，加一契字以補足之。修多羅中，不含本國經字常道之義，就得削足適履，捨之不用。豈不等於在中梵兩國的文化外交上，簽一件不平等條約嗎？況本國經字，原不失契合之義，何必畫蛇添足。常、道之義，也不是任何宗教的專利品，又何必削足適履。難道說他教的經典都是常道，獨佛經所說不是眞常的道理嗎？

三、總釋全題

金剛般若波羅蜜經——這部經的文句，所詮的眞理，如金剛似的般若妙慧。有使衆生通達諸法如實義，破執除障的功用。如依之發大心、修大行，便能圓成自利利他不可思議功德，度生死迷流，到究竟覺岸——證菩提大果。所以名爲：金剛般若波羅蜜經。

乙　述譯傳

本經是姚秦三藏法師鳩摩羅什所譯。姚秦是五胡十六國之一。何謂五胡十六國？晉武帝司馬炎死後，諸王爭權，互相攻伐。於是！匈奴、鮮卑、羯、羌、氐等五胡族乘機擾亂中華，世稱五胡亂華。從晉永興初，到宋元嘉間，歷一百三十五年，先後割據僭號的，有：二趙、四燕、五涼、三秦（前秦、後秦、西秦）、夏、成漢等十六個國，史稱五胡十六國。後秦主姚姓，建都長安，因表示與前秦苻姓有別，所以稱為後秦，亦稱姚秦。鳩摩羅什，梵語：鳩摩羅什婆。父名鳩摩羅炎，天竺人，因辭避襲爵，捨俗出家。龜茲國（即今之新疆庫車）王，慕其高行，迎為國師，並強以其妹什婆妻之而生羅什，兼取父母之名為名，所以叫鳩摩羅什婆。此方譯為童壽，乃童年而有長者道德之謂。年甫七歲，即隨母出家，到罽賓（西域國名即今之克什米爾）禮盤頭陀達多學小乘教。後又到疏勒國（即今新疆省疏勒縣）從須耶利蘇摩學大乘經論，悉能過目成誦，深解奧秘。年二十復回龜茲從卑摩羅叉學律，並受具戒。因兼通經、律、論三藏，所以稱三藏法師。龜茲王特為造金獅子座，請什公昇座說法。於是！名播西域各國，洎於震旦。時前秦主苻堅聞什公智慧絕倫，欲羅致之以為輔弼，乃遣大將呂光率兵伐龜茲。龜茲敗績，呂光獲什公凱旋，中途聞苻堅敗於肥水，為其部將姚萇所篡殺，乃據西涼（即今甘肅省西部）獨立稱王。萇屢請什公，光不許。萇死子興立，復請亦不許。直到呂光死傳子呂隆，姚興伐而敗之，纔迎什公到長安奉爲國師。卽在西明園，從事講學譯經，並令德學兼優之沙門：僧䂮、僧叡、僧肇等數百人，齊集什公門下，禀承大乘佛法及襄理譯政。所譯經論約三百餘卷，本經卽其中之一。然本經除初次爲什公所譯出外，尚有元魏之菩提留支、陳之眞諦、隨之達摩笈多、唐之玄奘、義淨等的五次譯出，而通常流行於世的，唯有什公的初譯。盖因什公譯經的方式，是以漢文體裁表達梵文義理的意譯，較其他拘於梵文文法的直譯，義旣信實，而詞亦暢達之故。

丙、正釋經

第一分　法會緣起

讚詩

乍有還無舍衛城　祇園鐘鼓亦消聲
當將諸法觀如是　幻起因緣本不生

概論

盡人皆知，我國古今文章的體裁，最科學的，是近代法官的判詞，把原被告兩造的：姓名、年齡、籍貫、身分、出事的時地、人證、物證、乃至事前醞釀進入犯案階段的生活狀況，和犯罪的動機與行爲，無不記載明確，以取信於社會人士，證明其判決之不謬。而不知兩千年前的佛經緣起序，也和近代法官的判詞，同樣是最科學的體裁。具備了說法的主人，說法的時間，說法的地點，聞法的大衆，乃至主衆雙方，共同的生活情景等，凡是成就法會的因緣，都由結經的人，一一舉出。並且很負責的說，是他親耳所聞，並非道聽途說。證明此經，的的確確，是佛說的，一點也不差。不過，科學價值，在這裏，只能算是無足重視的副產品，不是我們研究的對象。主要的是有一種不可以科學價值估計的眞理——中道之義，爲本文徹頭徹尾的骨幹。何以故？本文通篇所說：句句都是法會成就的因緣，卽緣生而性空，豈非明二諦以顯中道之義嗎？如此，不但是一紙可資憑信的證據，同時也是一篇表法的妙文。使衆生，不但信此經確爲佛說而無疑，同時也信此經所說，是兩邊不着的中道第一義諦。

古德將「千二百五十人俱」以上，判爲證信序，認爲這裏含有「信聞……」等的六緣成就。「爾時」以下，判爲發起序，認爲持鉢乞食等，是表法的行爲。似乎六緣不足表法，只能作爲證信；乞食不在六緣，只能作爲發起；已成爲講經說法的一定規格。實則，法會旣是因緣

所生，凡屬能生法會的因緣，都是法會的發起，都是法會的證信，不能說何者是證信，何者是發起，故今不為所拘

述要

如是我聞

這是佛在臨滅度時，付囑阿難必須安在一切經首的一句話。意義至為重大。歷代經家，多有闡發，據說是：阿難在結經時，一登座，身光似佛，衆疑是佛重起說法；或疑他方佛來；或疑阿難成佛；今聽阿難開口便說：「如是我聞」，則三疑頓斷，乃世尊懸知後人必有此疑，故令阿難於一切經首，皆置此句。我們對這種說法，不能不有所辯白：佛已涅槃，為世人所週知；佛如再來，亦必循八相成道的常規，出現於世，決不會突然從天而降，使人駭怪。他方佛來，亦必先有因緣導致，預為安排，焉有不速而至，悄然登座之理。阿難身光如佛，不自結經時始，早為衆所知識。如此三疑不成，「如是我聞」之句，置於經首的理由，自然也不能成立。我們用不着找任何參考資料，任何參考資料，都不足採信。因為「如是我聞」，是阿難尊者對我們未來際衆生，永久負責的信約，不只是對當時參與結經人的保證。我

們不妨自己問問自己，當我們將和佛經接觸，而尚未接觸之時，心裏是不是自然而然的，發生一種疑問：此經是否佛說？所說的道理，是否眞實可信？我敢說百分之百的人，不約而同的有此疑問。譬如洗澡，我們已經浸入水裏，冷暖豈不比別人更知道嗎？「信爲道源功德母」，聽經聞法，必須先在心理上，撤除所有的疑障，建立信的基石，才能法理相應。「如是我聞」，就是斷疑生信的法寶，所以置於一切經首。請看下面的解釋便知。

不動叫做「如」，無非叫做「是」。衆生本覺，自性淸淨。非生滅法，所以不動；離言說相，所以無非。如是本覺，都因衆生執着虛妄諸相，有爲造作，輪廻生死，而不如是了。本經所說，就是敎衆生，離諸妄相，出生死迷，還於本覺，由不如是而如是的眞實可信之理。此種眞理，惟佛能說，夫復何疑。諸多解釋「如是」二字爲指法之詞者，其所指的法，就是這個眞實可信的如是之理。

衆生因不達如是之理，以有相之我，去聽經聞法，但能以心緣境，流逸奔聲，而不能離指見月，消歸自性。如楞嚴經云：『汝等尙以緣心聽法，此法亦緣，非得法性』。所以說：如是我聞的「我」，不是色身有相之我；如是我聞的聞，也不是以心緣境流逸奔聲的聞；而是以無相的自性眞我，聞如是之實法。卽所謂「返聞聞自性」。因爲自性本來如是，但須返聞，不必外求。說明白一點，就是不要以意識分別，在語言文字上徒事推敲，以解文爲徹法，而取於法相。須要離指見月，從清淨自性上，確實體認，而不取非法相。也就是用觀照工夫，以始覺合本覺的意思。譬如我們從「如是」二字的解釋，了知本覺自性的意義。不要錯會「如是」二字，就是本覺，而執持不捨。開口如是，閉口如是，拿起筆來亦如是。必須返觀自照，我們終日所作所爲，是否不爲名動；不爲利動；不爲一切順逆紛擾相的塵境所動。只要一有所動，即是於一眞法界，妄見差別而不如是了。我們必須這樣來解釋「如是我聞，」才能表顯我佛的大悲大智，及阿難尊者，上承佛旨，下化有情的態度。不但負責此經是親聽佛說，並且把經中的要義，赤裸裸的和盤托出；復又指示衆生聞法的要領。可謂微妙已極。

一時佛在舍衞國祇樹給孤獨園。

「一時」是佛說此「金剛般若」的時候。或問：阿難出家的時候，佛已說法二十年了。爲使持佛法藏，復將二十年間，所說的法，重新給他補說一遍。阿難得法性覺自在三昧，都能一一了徹。所謂：「佛法如大海，點滴阿難心」。何以獨獨忘掉了佛說法的年月日時，用個「一」字來搪塞責任呢？答曰：吾人以地球繞日一週爲一年；月繞地球一週爲一月；地球自轉一週爲一日；又分一日爲二十四時；乃至分秒、刹那，生滅不住；這都是妄想執著，自性中本來無此。因妄執故，不但把目前的空華水月，執爲實有，苟苟營營，患得患失；復追念過去；臆測未來；自墮三際牢獄，而不得自在。實則，過去的已經過去了；現在的刹那不住；未來的還沒有到達；即至到達，也是不住。爲使衆生，出此三際牢獄，得自在解脫；才用個「一」字，以表「一即一切」，「一念萬年」之義。觀經中『過去心不可得，現在心不可得，未來心不可得』之句，便知我們這種說法，並非無稽之談。復次，經中又說：『若是經典所在之處，則爲有佛』我們今日，面對此經，即如在祇園會上，聽佛說法一樣。此時豈非就是佛說法之時，此處豈非就是佛說法之處嗎？可見時處非有非無；我們當於有處見無，無處見有，方爲有無不着，從容中道。

「佛」字的定義爲「覺」。凡夫因爲不覺，所以才墮入世網，被六賊煩惱所戕害，生死不已。聲、緣二乘，但能自覺，出離生死，而沒有覺他的願力，只是一個「各人自掃門前雪，不管他人瓦上霜」的消極主義者。菩薩雖能自覺覺他，但其覺行尚欠圓滿。惟佛能自覺覺他，覺行圓滿而達於究竟。可見佛與衆生，不同的地方，只在能不能自覺；和二乘不同的地方，只在能不能覺他；和菩薩不同的地方，只在覺行圓滿與不圓滿。若凡夫能修行覺道，自了生死，就是二乘；再進能上求佛道，下化有情，就是菩薩；乃至覺行究竟圓滿，就是佛。十方三世，有無量無邊諸佛，說此金剛般若的佛，是我們娑婆世界的敎主——釋迦牟尼。示現降生於印度迦毘羅城，爲淨飯王的太子；二十九歲出家，三十五歲成佛；說法四十五年，示寂於俱尸羅大城娑羅雙樹間。佛有三身：㊀常住不變，離相寂然的平等性，爲法身。㊁歷劫修行，具有極圓淨常遍色身，爲報身。㊂方便度生，隨類顯化之身，爲應化身。法身爲體，報身爲相，應化身爲用。佛雖滅度，不過是總攝相用歸於常住不變的法身本體而已。其實並不曾滅。

「舍衞國」位置在今印度西北部，拉普的河的南岸。原名叫「憍薩羅國」，舍衞是他的京都城名，因南印也有一個和他重名的國家，所以改用城名作爲國號，以示區別。

「祇樹給孤獨園」位置在舍衞城的近郊，是佛住在那裏說法的道場，等於今日的寺院。因爲舍衞國裏，有一位長者，名叫須達多，樂善好施，常以財物施給孤獨無依的貧人，號稱給孤獨長者。他的思想，本來是信奉外道的，因偶爾在王舍城中，聞佛說法，頗有了悟，想在舍衞城近郊，選擇個環境清幽的地方，建一精舍，請佛說法。事爲祇陀太子所聞，便把一所廣大而嚴淨的林園，布施給孤獨長者，作爲興建精舍之用。以是因緣，所以稱爲「祇樹給孤獨園」。

我們對此二千年前的歷史陳跡，不免作莫須有的依稀憑弔，感慨萬千。應知二千年後的人，對我們現前的事蹟，亦復如是。所謂『後之視今，亦猶今之視昔』。果能從歷史推演，了知諸法是「因緣所生，生而不生」之義；不待今之視昔，即今之視今，亦當體即空。不但舍衞祇園，原是隨緣的自性，即宇宙間一切現象，又何嘗是一法界的障碍？

與大比丘衆千二百五十人俱。

「比丘」是梵音，譯謂乞士。有二義：㈠向諸佛乞法，以返妄歸眞。㈡向世人乞食，以降伏我慢。道行高深的，稱爲大比丘，若在默擯之列的惡性比丘，不但不能稱之爲大，而且失了比丘的實質。千二百五十人是：耶舍長者子朋黨五十人；優樓頻螺迦葉師徒五百人；那提迦葉師徒二百五十人；伽耶迦葉師徒二百五十人；舍利弗師徒一百人；大目健連師徒一百人等的集數。他們先前都是信奉外道，後來承佛敎化才歸服的。並都證了阿羅漢果，和佛一同住在祇園精舍。性淨平等，覺海無外，衆生因被煩惱染污之故，昧於性淨平等的眞理，自絕於覺海之外。今此大比丘衆，承佛慈悲攝護，遠離煩惱，趣入性淨平等的大圓覺海，故曰「與俱」。以上所說，皆表法最吃緊處，豈但證信而已。

爾時世尊食時，著衣持缽，入舍衛大城乞食。

「爾時」是佛和大比丘衆，在祇園精舍的時期。

「世尊」是佛十個名號的總稱，因佛的智慧福德，爲世、出世間一切凡聖所尊仰故。

「食時」是吃飯的時候。佛制以日中爲食時，不得過中一髮。據江著：「律藏中言食時，其說不一，今且述其一說：丑、寅、卯、爲諸天食時。辰、巳、午、爲人間食時。未、申、酉、爲畜生食時。戌、亥、子、爲鬼神食時。」律藏中尚無定論，我們何敢執一。惟據增一阿含經云：「佛弟子迦留陀夷，膚色極黑，夜行乞食，一孕婦，從天空閃電中看見，疑爲是鬼，怖而墮胎，如來知之，卽敕比丘，從今已後，不得過中食，不得豫乞食。」比較合理。如果准予我們思想自由發展，不以杜撰爲病，我想佛制過中不食，尚有四重深意：㈠節食以惜物力，憐恤貧困。㈡節時以積極修行，增進道業。㈢減少塵勞，多習淨慮。㈣夜行恐傷蟲蟻。

「著衣」就是穿衣。佛制衣有三種，總名袈裟。袈裟是梵語，譯謂雜色或壞色。以示不住於色，令人不起愛慕之義。都是把人家拋棄的破衣廢料，剪成若干方塊聯衲而成的，故亦名爲衲衣，亦名糞掃衣，共分三種：一種是以較大的布塊，聯成五條，名安陀會衣，是穿在貼身以裏的，故又名內衣。二種是以較小的布塊，聯成七條，名鬱多羅僧衣，爲說法時穿在五條衣之上的，故又名上衣。三種是以更小的布塊，聯成九條至二十五條，名僧伽梨衣，爲出入部落城市時所穿的，故又名大衣。今佛入舍衞大城乞食，所著的衣，當然是大衣僧伽梨。

「持鉢」鉢是盛飯所用的東西。持之以行乞食。大小有一定的容量，以示無貪 故亦名應量器。

佛制乞食的道理，微妙難知，所以今人對此，概有二疑：一疑與一般丐者無異。二疑衆生若都學佛，誰做施主，豈不都要活活的餓死？應知衆生的大妄，最是執着我相，而起染貪，誰肯低首下心，乞食於人。就是爲生活所窘，不得已而行乞的丐者，或遭遇特殊，降志辱身的末路英雄，也不見得就死心塌地的安於這種乞食的生活方式。世尊悲憫衆生，以本非「雜食」之身，示現乞食。着壞色衣，以示無染；持應量器，以示無貪；儼然像個凡夫，不着佛相。是以不言之敎，度化衆生，使知我相之應離，染貪之應去，並不是敎衆生都學乞食。雖敎而不言敎，是離於法相；雖不言敎而敎，是離於非法相；如此諸相皆離，三空彌彰。豈是尋常屈於生活的丐者，所可望其項背；又豈是一般迷位衆生，所能輕易學得到的嗎？

復次、佛示乞食，儼若凡夫，是不變隨緣；雖儼若凡夫，實與凡夫迥異，是隨緣不變。此二諦觀融之中道，前在「如是」等句裏，已表顯其理；此在尋常日用間，又實踐其事。前後印證，即無爲而有爲，有爲而無爲，理事無碍。直堪與諸菩薩摩訶薩作榜樣，豈但教化一般凡夫而已。

我們應當知道，佛制乞食，原爲破除我相，降伏憍慢，遠離染貪。如果我們但取其事，而昧於其理，雖也著衣持缽，照樣乞食，心裏不免起了：「我持佛戒，應受供養」的動念。每在人前裝腔作勢，故意表示與衆有不同之處，反着了乞食的戒相，而增長憍慢。此未曾隨緣，自己先已變了，與一般凡夫爲生活所迫而行乞的丐者，有何區別？何況我們今日的僧伽，爲隨順本土風尚，早已捨了此戒，依應院道場，維持生計，而可貪婪恣睢，肆意放縱，略無慚愧嗎？佛在涅槃經裏說：比丘如無供養，亦可自畜資生，但須布施所餘，切忌屯儲。由此看來，只要能破除我相，降伏憍慢，遠離染貪，不管怎樣都好。不必一定要乞食才行。

於其城中，次第乞已。

「次第乞已」，並不是挨戶乞遍了全城；而是不越貧趣富，捨賤從貴；以平等心，行平等乞；適量而止之義。次第乞食，更有二義：㈠外無施者之相，內無貪慢之心，中對所施之食，也不起勝劣的分別心，此卽所謂「三輪體空」。㊁使衆生，普同供養，功德圓成。刹利尊姓，免致退墮；旃陀羅種，亦種善根；雖利樂有情，而佛心寂然，若無其事；此卽所謂「四無量心」。然此是大乘乞食，若小乘有學，應揀五家：一官、二屠、三唱、四沽、五婬。因恐無力轉物，反被物轉之故。顧今日有不少以大乘自居的人，對瓜田李下之嫌，變不在乎，而終至敗德者；似於此處，未曾留意。

還至本處，飯食訖，收衣缽，洗足已，敷座而坐。

世尊從舍衞大城乞食事畢，回到祇園精舍，吃罷了飯，把衣缽都收拾起來，洗完了脚，安置好了座位，很安閒的坐下了。我們就世尊這段如流水行雲，無罣無礙的生活情景來看，好像極其尋常。然至德超凡，畢竟有其異乎尋常之處。云何有異？凡夫自無始來，失却本性，奔走衣食，並不以飽暖爲滿足，還要攀緣俗務，妄生事端，惹起許多不必要的煩惱，從不知返本還元。佛示「還至本處」，敎以知足常樂，得休且休。「飯食訖，收衣缽」，敎以把過去的一切，如同以鏡照物，隨照隨了，不留一些痕跡，以障圓明。「洗足已」，敎以淸淨身業。「敷座而坐」，敎以定慧作觀，得大自在。此卽所以異乎尋常之處。而此異乎尋常之處，又不出四十五年如一日的尋常生活之外。何則？穿衣吃飯，是極尋常的事情；般若波羅蜜，是極不尋常的妙道；以極尋常的事，行極不尋常之道；即尋常而不尋常，不尋常而尋常。這又是「不一不異」的中道第一義諦了。非如此不能啓廸衆生，使對般若波羅蜜，不驚、不怖、不畏的自然契入，而知所以降心和住心。至於尋常與不尋常，乃至示現云云：都是我們凡夫以情識的推度，在佛並沒有這種分別與作意，只是行其所無事罷了。

這都是佛將開闡般若妙諦的徵兆，最足令人深信不疑的有力證據。豈但是表法而已。

第二分　啓請、許說

讚詩

朝朝乞食朝朝歸　四十餘年識者希
到此如來藏不住　都因秘鑰付當機

概論

秘藏必待鑰而啓，大道須逢運而昌。今祇園勝會，因緣成熟，師資道合，乃世尊說金剛般若的機運已至。被須菩提於乞食還園，敷座而坐的一段光景中，隻眼看破，以為曠劫一時之機，不可當面錯失。乃代表大衆，離開了座位，向佛恭肅禮儀，先讚歎了一聲說：『希有世尊！如來善護念諸菩薩，善付囑諸菩薩。』接着就請問：如何能使善男子，善女人，所發的無上菩提心，常住不退，妄想心，降伏不起？直扣如來心絃而啓其秘藏。此一啓請，適當如來正欲說法之時，可爲花待春發，春報花知，契理契機。所以世尊隨卽讚許他說：『善哉！善哉！汝今諦聽，當爲汝說。』須菩提也隨卽領諸的說：『唯然世尊，願樂欲聞。』從此被須菩提，掘開了金剛般若的法源，向下卽波濤滾滾，匯入法海，使一切世間，無量衆生，同沐佛恩，得大解脫。須菩提可謂功德難量。

述要

時長老須菩提，在大衆中，卽從座起，偏袒右肩，右膝着地，合掌恭敬而白佛言。

「時」字，是世尊乞食還園，敷座而坐的時候，也就是機緣成熟，師資道合，將要說此金剛般若的時候。一事之擧，必待因緣時會，方克期於有成，何況說此大經大法。所以此一「時」字，着重在機會難得，稍縱卽逝。須菩提就是把握着這個機運，卽從座起，代衆啓請。您看這個「卽」字，顯得須菩提，是何等的機智。

「長老」是年高德劭者的尊稱。「須菩提」——譯爲：空生、善現、善吉。這些名號，有二種解釋：㈠約相言：當其初生之時，家中所有的寶藏，忽然不翼而飛的沒見了，所以名叫空生。數日後，失去了的財寶，又忽然發現，所以又名善現。請術士卜命，占得吉兆，所以亦名善吉。後依佛出家，在十大弟子中，稱解空第一，果應前相。㈡約法言：按僧了性的解釋是：『頓悟空寂之性，故名解空。全空之性，眞是菩提，故名須菩提。空性出生萬法，故名空生。以性空故，隨緣應現，利人利物，故名善現、善吉。』江居士引西域記云：『須菩提，本是東方青龍陀佛，影現釋迦之會，示跡阿羅漢，輔助釋迦牟尼佛行化，在佛門中，解空第一。』須菩提既稱解空第一，可見佛弟子中，解空的阿羅漢，尙大有人在。而須菩提獨稱第一者，又可見空理的深奧，了解匪易。

本經是假問答方便，發揮第一義空的無上妙法的，所以非須菩提當機不可。佛在尋常穿衣吃飯時，已將此第一義空的無上妙法，表顯無遺，今機緣成熟，欲敷演此法，大衆中，除須菩提，沒有能識破的，所以非須菩提不能當機。須菩提本爲助佛行化而示現，所以也當仁不讓的，負起這個責任，在大衆中，即刻離開了座位，向佛啓請。爲尊師重道故，先端肅禮儀，於是：「偏袒右肩」——表示不背乎師而左乎道，將欲荷擔如來家業。「右膝着地」——表示精進向前的姿態。「合掌」——表示不攀緣塵境，趣向凡外，一心的歸依佛法。貌肅爲恭，心誠爲敬，誠於中，必形於外。左傳云：『恭敬父命』，可見「恭敬」二字，是不可分離的。禮儀既已端肅，然後把自己要說的話，表白出來。下文就是須菩提，所表白的話。

希有世尊！如來善護念諸菩薩，善付囑諸菩薩。

須菩提開口先讚嘆一聲：希有世尊！其「衷心悅而誠服」之意，不禁溢於言表。云何希有？如來出世，在時間上說，曠劫以來，是絕無僅有的；在空間上說，三千大千世界裏，也是絕無僅有的。無論在曠劫的時間，和在三千大千世界的空間，其悲智都是殊勝的。大衆以難得的人身，適於此時此處，見佛聞法，豈非希有？然須菩提所讚歎的希有，尚不止此；還有更爲希有的是：「如來善護念諸菩薩，善付囑諸菩薩」。

先稱「世尊」！是一般對佛例行的稱呼。繼稱「如來」！是特別表讚佛的性德。性德云何？如來不來，似去非去。如日光照時，好像日來，其實日並未來；日光晦時，好像日去，其實日亦未去；本無所來，云何有去；若來若去者，不過是我們這個世界對日的向背而已。如來亦爾，當衆生背覺合塵之時如來卽隱；背塵合覺之時，如來卽見。所以本經中說：「若見諸相非相，則見如來」。諸相卽塵；見諸相非相，卽是背塵；背塵則合覺。「菩薩」——是「菩提薩埵」的略名，譯爲大道心衆生，或大覺有情，爲求佛果的大乘衆之總稱。不是單指十地菩薩而言。

「護念諸菩薩」——是如來以大悲對衆生的護持與憶念。惟恐其所發的菩提心，不能常住不退，背覺合塵而不見如來。「付囑諸菩薩」——是如來以大智對衆生的分付與囑託。使知所以遣蕩諸相，降伏妄念，背塵合覺而見如來。以大悲生大智，大智顯大悲，悲智雙運。此護念付囑，所以稱得爲善者一。但說護念付囑，便有不護念付囑之意在言外。譬如我們一說念佛，就知有不念佛的時候；佛對衆生，是無時不在護念，無時不在付囑，此護念付囑，所以稱得爲善者二。佛以法身如來，示現凡夫，秘轉般若法輪，於日常穿衣吃飯之間。雖護念付囑，却不見有能護念付囑的佛；及所護念付囑的衆生；與護念付囑的法。法與非法，有無雙遣，三輪體空，此護念付囑，所以稱得爲善者三。世尊對衆生的護念付囑，有如此之善，須善提怎能不讚爲希有呢？

世尊！善男子，善女人，發阿耨多羅三藐三菩提心，應云何住？云何降伏其心？

「善男子，善女人」——是指上文所說「諸菩薩」而言的。問：上文稱「諸菩薩」，此又稱「善男子，善女人」，其理由安在？答：上文稱「諸菩薩」，是横賅歷階修行大乘佛法的當人。此稱「善男子、善女人」，是竪貫前因後果的衆生。佛以無緣大慈，同體大悲，横豎都攝。所以須菩提，也不分男女，不論位分的相提並重。前世同種善因，謂之共業；今世同生人道，謂之共報；業別輕重，報分男女，是同中的不同，共中的不共。業由自造，報歸自受。明乎此，就知只要發大心，求佛果，男女都能成佛。所以須菩提，前稱「諸菩薩」，此又加重了語氣，說「善男子，善女人」，有特別提高警覺之意。

由於前世種有善根，今世才能發「阿耨多羅三藐三菩提心」。本土譯「阿」爲「無」；「耨多羅」爲「上」；「三」爲「正」；「藐」爲「等」；「菩提」爲「覺」；合爲「無上正等正覺」。凡夫執有，迷於生死，不得謂覺；外道偏邪，不解眞理，雖覺不得謂正；二乘偏空，生死自了，其覺雖正，不得謂等；菩薩空有不著，自利利他，可謂正覺、正等；然覺行未滿，不得謂之無上；惟佛覺行圓滿，始能獨稱無上。「無上正等正覺」，即是佛果。起信論以一心而開「眞如」、「生滅」二門，今從善根所發的「阿耨多羅三藐三菩提心」，當然是「眞如」，而不是「生滅」。初發的心，是所種的覺因；三藐三菩提，是所行的覺緣；無上，是所證的覺果；從因至果，無非一覺，更無其他。所以世尊又稱大覺金仙。

衆生發心成佛，覺緣極關重要。如農人春耕，雖然下種，必須灌漑、施肥、耘鋤等的諸緣具足，收成才能有望。所以須菩提問：『應云何住？云何降伏其心』？就是說：應該用什麼灌溉、施肥、耘鋤等的修行法則，教所下的這個無上菩提種子，日益茁壯，而得到佛果的收成。「住」和「降伏」，都屬行門的覺緣，這兩個問題，實是一個癥結。怎麼說兩個問題是一個癥結呢？菩提心所以不能常住不退，就是因為妄心熾盛，無法降伏之故；如果妄心能夠降伏，菩提心自然會常住不退；返妄即是歸眞，所以說是兩個問題的一個癥結。這個被認作降伏對象的「心」，是生滅而不是「眞如」。前後兩個「心」字，一眞一妄，即起信論中以一心所開出的二門。可知眞妄同源，著相則妄，歸性則眞，此非須菩提不能知，亦非須菩提不能問。所以下文佛讚美他說：『善哉善哉！』

佛言：善哉！善哉！須菩提，如汝所說：如來善護念諸菩薩，善付囑諸菩薩。

前文須菩提在未啓請之前，先以「希有」二字，讚歎如來善護念諸菩薩，善付囑諸菩薩。此處佛在未開示之前，亦先以「善哉！善哉！」雙讚須菩提之能讚與所讚。須菩提以佛子之心，深知佛之善護念與善付囑，所以讚為「希有」；佛以佛子能知佛心，且知讚佛，所以雙讚為善哉！善哉。須菩提於讚佛之餘，提出「住」、「降」兩個問題，殷殷敬求解答，儼然是稚子對慈母的情態；佛於雙讚須菩提之餘，直下承當善護念與善付囑，亦儼然是慈母對稚子的舐犢之情。佛視衆生如一子，希望個個得度，人人成佛。今須菩提代衆啓請般若大法，卽是以佛心爲己心，直欲荷擔如來阿耨多羅三藐三菩提，此須菩提之大悲可讚。自乞食還園，敷座而坐的一段光景中，能知如來是在善護念諸菩薩，善付囑諸菩薩，此須菩提之大智可讚。佛對衆生的護念付囑，是悲智雙運；須菩提代衆請法，亦是悲智雙運；眞不愧爲佛子。合當將如來家業，全部給予繼承。所以下文佛就毫不猶豫的說：『汝今諦聽，當爲汝說』。

汝今諦聽，當爲汝說，善男子，善女人，發阿耨多羅三藐三菩提心，應如是住，如是降伏其心。

這是世尊繼讚須菩提的啓請之後，許給說法的應言。但法不可輕說，亦不可輕聽。乃誡之曰：「汝今諦聽，當爲汝說」。須菩提代衆生請法，如來爲衆生許說，故此「汝」字，並非單指須菩提個人，而是兼指當時與會的大衆，和當來的一切衆生而言。本經最後二十六分裏，不是說：『佛說是經已，長老須菩提，及諸比丘，比丘尼；優婆塞，優婆夷；一切世間天人阿修羅；聞佛所說，皆大歡喜，信受奉行』嗎？

「諦聽」是仔細的聽，應知耳根所接觸的聲塵，並非實義。天籟之音，在於絃外，佛法實義，不落言詮。千萬不可囿於語言文字，死在句下。譬如今人才看到經中所說：『若以色見我，以音聲求我，是人行邪道，不能見如來』等句，卽絲毫不加諦審，便持以誹謗蓮宗的念佛和觀想。（此非專論，容後詳釋。）可見此一「諦」字，關係甚大。所以佛雖許爲說法，必先誡以諦聽。

「汝今諦聽，當爲汝說」，是尙未決定說不說之詞。意謂：諦聽則當說，不諦聽則不當說。「應如是住，如是降伏其心」是決定要說。雖決定要說，又不馬上就說，等須菩提先作「願樂欲聞」的承諾之後，方予之說。這是如來對我們衆生，巧運悲智，循循善誘的教法。

「如是」二字，按江著：『舊說如是二字，卽指下文滅度一切衆生的一段文而言，如此則前後脈絡不貫，況下文本有應如是降伏其心一句耶？又說如是二字，是指發起序中著衣持缽，敷座而坐的一段文而言，似亦未確。今謂如是二字，剋指上文善護念，善付囑而言，有現前指點，當下卽是之義』。我們綜合江居士對舊有二說的論斷，和他自己的看法來硏究一下，還是以舊說：『指下文滅度一切衆生一段而言』的爲對。何以故？須菩提所提出「應云何住，云何降伏其心」的兩個問題，世尊僅許當說，而猶未說出，「如是」二字，只是標出一個當說的意向而已。若說是指善護念，善付囑而言，則是世尊已經答覆了須菩提的問題，那末！下文滔滔者，所言何事呢？所以說，還是以舊說：「指下文滅度一切衆生的一段文」

爲對。至於前後脈絡，並無不貫之弊。下文雖有「降伏其心」之句，乃是一再叮嚀之意，並不見得累贅和重複。不過我們若再加以諦審，「如是」二字，不僅是指「滅度一切衆生」的一段文而言，凡是本經佛所說法，一律都在所指之列。何以故？全部金剛般若，是因須菩提所啓請的「住」「降」兩個問題所引發；也是世尊給他開示這兩個問題的總記錄；就中雖有許多次問，許多次答，無非爲這兩個問題做博學、審問、愼思、明辨等工夫。豈可不句句諦聽，而僅限於滅度一切衆生的一段文嗎？何況凡是佛所說的法，無非都是善護念之意，善付囑之言呢。

唯然。世尊！願樂欲聞。

上文世尊在許說的同時，以「汝今諦聽，當爲汝說」的話，警戒須菩提，須菩提卽滿口承諾：『唯然世尊，願樂欲聞』。話雖一句，義則有三：㈠「唯然」二字，是對「汝今諦聽，當爲汝說」的誡告，表示唯命是從之義。㈡「世尊」二字，是佛子欲求法乳，急則呼母之聲。㈢「願樂欲聞」之句，是歡欣鼓舞，促請速說的表示。須菩提既已爽朗表示承領「諦聽」的意旨，又迫不急待的渴望給他速說。世尊已許當說，至此豈能不說？試看法海波濤，向下卽是。

第三分　離相伏心

讚詩

著相則妄離相眞　一念能爲善惡因
若問菩提降與住　解鈴還是繫鈴人

概論

本分是佛於須菩提所作「願樂欲聞」的承諾之後，依照曾許當說的意向，源源本本的，予以詳說。但須菩提所問的，是先住後降，而本分所答的，是僅止於降，而不及於住。這並非所答不甚圓滿，而是這兩個問題，實是一個癥結，只要能把妄心降伏，菩提心也就不言住而自住了。妄心是由執着我、人、衆生、壽者等相而起的，要降伏妄心，必須從離相入手，要離相，捨大乘菩薩的大悲，六度萬行的大行，是別無途徑可循的。所以世尊告訴須菩提說：『諸菩薩摩訶薩，應如是降伏其心』。然後把三界所有的一切衆生，分爲卵、胎、濕、化……等九類，以明其各因不同的妄心，報得不同的身相，使知妄心無體，相本不生，而悟入眞常不生不滅的無餘涅槃之理，而滅度之。然涅槃原是衆生所具的本來面目，惟被無明妄念所迷失才做了罪報的衆生。今雖令入無餘涅槃而滅度之，不過是恢復他的本來面目而已，實在沒有所謂的衆生，也沒有滅度可得。衆生沒有能得和所得的妄念，即是離相的菩薩。菩薩若有能度和所度的妄念，即是著相的衆生。所以世尊又呼須菩提說：『若菩薩有我相、人相、衆生相、壽者相、即非菩薩。』

述要

佛告須菩提，諸菩薩摩訶薩，應如是降伏其心。

問：前用「佛言」，此用佛告，是什麼理由？答：「言」字是普通的達意，「告」字是特要的付囑。如國家元首對人民的宣示，叫做文告；官廳曉諭民衆的文書，叫做佈告；朋友相誡的話，叫做忠告。今佛爲說無上妙法，非普通達意可比，所以特用「告」字以示鄭重。

「菩薩摩訶薩」，是專約一人的稱謂，如「觀世音菩薩摩訶薩」。「諸菩薩摩訶薩」，是泛指多人的稱謂；如「諸尊菩薩摩訶薩」。所以這裏的諸菩薩摩訶薩，是泛指發阿耨多羅三藐三菩提心的善男子善女人而言的。

問：「摩訶」二字，含有：大、多、勝妙等義，非八地以上，證得我法二空，永伏煩惱、所知二障，神通妙用，自在無碍的菩薩，不宜稱此。今對初發心的善男女們，何得遽稱「摩訶薩」？答：㈠發心為因，證道為果，有其因必有其果。今諸善男子善女人，所發的心是無上菩提，當來所證的果，必然也是無上菩提。鳳雛尚可成鳳，佛子焉有不成佛之理？不過衆生的根器有利鈍，因緣有勝劣，所證的果，自然也有究竟與不究竟的差別。佛以「諸菩薩摩訶薩」稱善男女者，是以究竟覺果，期許其必證而洎於佛位之義。如孔子的後裔，稱為衍聖；國王的兒子，稱為王儲似的。㈡發心為始，證道為終，凡事必先終而後始。譬如建塔，必先設計圖案，然後鳩工，才不至於煮砂成飯，錯亂修因的瞎煉一番。論語上說：『物有本末，事有終始，』亦是以終為本，以始為末，先終後始之義。今佛以諸菩薩摩訶薩稱善男女者，卽是敎衆生，先終後始，一發心就做出菩薩摩訶薩的榜樣，上求佛道，下化有情。不要存着我是凡夫，如何敢當菩薩的「卑慢」心理，以自喪溺。

我們不可把這當作一句稱謂的閒言輕輕放過。應知佛對衆生，悲閔之深，期許之大，眞如俗語所說：『望子成龍』。我們要是不求精進，自甘墮落；冒佛子名，據法王家；召致有識之士，對三寶的疑謗；無知之徒，蹈迷罔而不覺；那就大錯而特錯了。要拿經中的文字般若，當作一面鏡子，針對我們的身、口、意三業，勤加觀照，看看像不像個菩薩摩訶薩；倘若有一點像，就持之不失，行之不懈；有一點不像，就趕急悔改；一直觀照到沒有一點不像菩薩摩訶薩的時候，才算名符其實哩。

問：必須如何觀照，才能使菩薩摩訶薩的名實相符呢？答：「如是降伏其心」之句，就是這個問題的答案。「如是」是指下文而言，意謂：應當照下文所說的法去修，才能降伏妄念。能降伏妄念，即是菩薩。若不照下文所說的法去修，就不能降伏妄念。不能降伏妄念則仍是衆生。

問：上分許說『應如是住，如是降伏其心』，本分爲什麼不說住但說降呢？答：㈠上分是總標當說的意向，本分是別爲詳說。㈡衆生本覺，性體常寂，因無始無明，妄想執着，遂至迷倒，而本覺眞心，並無不住。如病眼人，本能見明，因翳成障，光明頓失，而此見能，並未減退。今欲恢復本覺，但能除妄即得。如欲重見光明，但須醫翳即可。除一分妄，證一分眞；妄分分除，眞分分證；妄念淨盡，眞亦全證。衆生初發阿耨多羅三藐三菩提心，不過是有志於學，尚未登地，即應依法除妄，使始覺漸合本覺。如捨此除妄之道，別求證眞之法，那就等於「緣木求魚」了。緣木求魚，雖不得魚，無後災，如果於降伏妄念之外，別求常住眞心，則此眞心，更成妄念，豈不是抱薪救火，愈救而火愈烈嗎？所以本分但說降伏，而不及於住。

所有一切衆生之類：若卵生、若胎生、若濕生、若化生、若有色、若無色、若有想、若無想、若非有想非無想。我皆令入無餘涅槃而滅度之。

自本文以下，全是上文「應如是降伏其心」之句的所指，而本文是其總要。射人先射馬，擒賊先擒王；今欲降伏妄念，必須追究妄念的根本所在；欲知妄念的根本所在，必須把一切衆生之類的妄相，一一予以分析。既名衆生，又說一切之類，可見妄相之多，品類之繁了。但衆生之所以得名，猶爲世人所忽略，何況其品類繁多呢。今分甲乙二項綜合明之如下：

（甲）以緣生得名：因爲是四大、五蘊，衆緣和合所現的生相，所以名爲衆生。何謂四大？㈠堅者爲地——如人血液裏含有鐵質；眼睛裏含有錫質；骨子裡含有石灰質……等。㈡濕者爲水——如血、汗、涕、泪、便溺……等。㈢煖者爲火——如人體須保持適當溫度。㈣空氣爲風——如人須要呼吸。因爲他們四位夥同所起的作用很大，宇宙萬物，都不能缺一而生存，所以稱他們叫做四大。（爲五蘊中色蘊所攝）。何謂五蘊？㈠色——爲：眼、耳、鼻、舌、身等五根，色、聲、香、味、觸等五境，及法處所攝色。㈡受——根境相觸，起苦、樂、捨（非苦非樂）等感受的心理作用。㈢想——依受而起對事物的想像，或作取捨迎拒的抉擇。㈣行——依想像取捨而起善惡行爲的心理。㈤識——由第八阿賴耶識「種子」起第七識「思量」，前六識「了境」的現行諸法，復由現行熏習成種，而爲來世趣生的總報果。因爲他們五位，是積集而起的，所以稱他叫做五蘊。此非專論，未便詳釋。玆表解如下。

五蘊緣起法表解

位次	蘊名	緣起	因果
1	色	五根：眼、耳、鼻、舌、身。五境：色、聲、香、味、觸。及法處所攝色。	由前生因受現生報
2	受	由根境相觸，覺有苦、樂、捨、等的感受。	
3	想	依受而起對事物想像的心理。	現生惑業
4	行	依想所起的善惡心行。	
5	識	第八識種子起七識現行，現行復熏成種。	集現生因趣後生報

衆生既爲四大五蘊的衆緣和合而生；亦必爲衆緣分離而滅；離合生滅，無常如幻，並沒

有個「我」在作主宰。衆生不覺，執無常爲常，非我爲我，更立我所，分別是非，造諸善惡，此即我妄的根本所在。今依此分析：知衆緣和合時，本無我生；衆緣分離時，亦無我滅；彼自和合分離，我自不生不滅；可謂風馬牛不相及，又何必强拉關係，自找煩惱呢？兵法云：「彼常動而我常靜，彼常勞而我常逸」。自古兵家，多以此爲制敵要訣；我們不妨拿這兩句話，作爲降伏妄念的借鑑。自性本空，湛寂圓明，赤裸裸，露堂堂，一絲不罣，纖塵不染；在此緣生無性的金剛般若觀照之下，一切妄賊，用不着勞師動衆，突擊圍剿，就望風披靡了。此不戰而屈人之兵，即不降伏之降伏，可爲微妙已極。

（乙）以多生得名：因無始妄想，起惑造業，因業受報，生死死生，相續不斷，如旋火輪。其生相之多，雖窮恒河砂數，亦不能盡，所以名爲衆生。然生相雖多，因受業力牽引，因果限制，總不出三界五趣和九類的範圍。玆總明如次：

㈠欲界有二：①下界——爲欲念特强，福德依次劣於天道的人、畜、鬼、獄、（阿修羅，分攝於天、人、鬼、畜，故不列爲六道）等四趣所居。其生理，在九類生中，獄但化生，鬼兼胎化二生，人但胎生（約特勝說），畜具卵胎濕化四生。②上界六天（四天王天、忉利天、夜摩天、兜率天、化樂天、他化自在天）——爲欲念較弱，福德勝於下界的天趣所居。

其生理，在九類生中，但屬化生。此界衆生，因有淫食等欲，異於色無色界，所以名爲欲界。因作業不同，罪報各殊，所以有天人等五趣的分途，卵胎等四生的差別。

㈡色界十八天（初禪二禪三禪各三天，四禪九天）——爲依於禪定，無淫食等欲，尚存執有之心，不契無相之理的有情所居。因已斷欲，所以超乎欲界；因尚執有，所以不及無色界；因色身物質，二皆殊勝，所以名爲色界。其生理，在九類生中，屬於第五的若有色。（色界以上皆是化生，因其另有特殊生理，故不以化生屬之。）

㈢無色界——爲執着空相，不修福慧的有情所居。因其住於深妙禪定，惟有識心，而無色身與物質，所以超乎色界之上，名無色界。其生理，在九類生中，屬於第六的若無色。此界又依定力的淺深分爲四天：①空無邊處天——因厭離色相，惟以識心緣無邊虛空，所以名爲空無邊處。②識無邊處——更捨虛空，緣無邊之識，所以名爲識無邊處。此二天人，因執着法相，起心思惟，其生理，在九類生中，屬於第七的若有想。③無所有處天——此天人，因第六識的分別心，和末那識的我執，皆爲定力所攝伏，似乎一無所有，所以名爲無所有處。其生理，在九類生中，屬於第八的若無想。④非想非非想處天——此天人定力極其深妙，阿賴耶識若隱若現。一念寂然不動，不能說是有想；不似木石的無心，又不能說是無想。所以名爲非想非非想。其生理，在九類生中，屬於第九的若非有想非無想。特表解如下：

據以上所明：欲色識三，實爲構成三界衆生的因素，就中尤以識爲根本。「欲界」因妄識熾盛，所以兼有色欲，生有四類，報有五趣。「色界」因禪定功力，妄識稍戢，所以離欲而色相猶在。「無色界」因定力深妙，不但離欲，並色相亦無，乃至非想非非想天；定力雖達極妙境界，然阿賴耶識，尚若隱若現，定果以非有想非無想爲止境；縱經長劫，難免仍墮欲界，遭五趣報，受四類生。

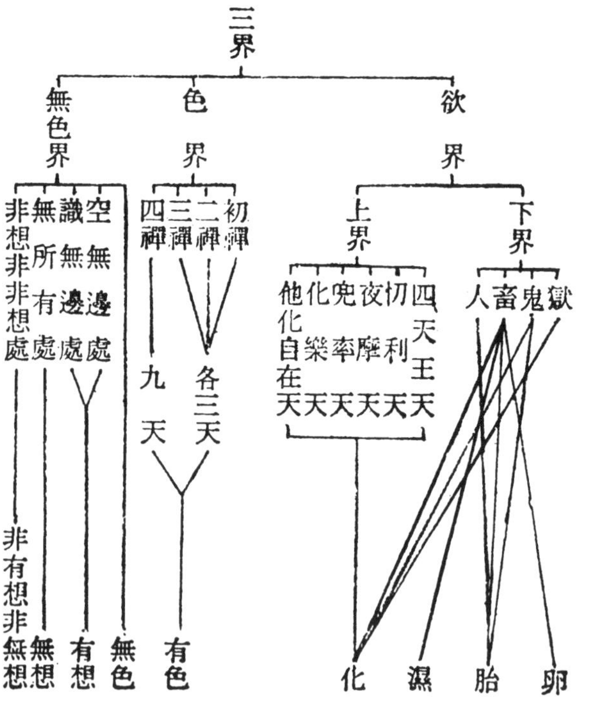

世尊說此一切衆生之類的悲心，無非教衆生了知五蘊非一，各各無我；九類非異，一一

皆妄。必須知妄，才能離妄；必須離妄，才能盡轉業識而成正智；（轉第六識的分別妄想，爲妙觀察智；第七識的我執，爲平等性智；此二識轉，前五識亦隨之而轉爲成所作智；阿賴耶識，亦隨之而轉爲大圓鏡智。）業盡情空，才能滅盡生滅，證入涅槃。所以世尊於分析一切衆生之類罷，又說：『我皆令入無餘涅槃而滅度之』。

涅槃——是梵語，雖譯有：滅度、寂滅、無爲、解脫……等多種，總歸結於不生不滅湛寂常如的性體一義。性體云何？乃衆生本具的佛性，宇宙萬有的本體。譬如影劇的銀幕，觀衆對放映在銀幕上的武俠打鬥，誰不驚心動魄；愛情纏綿，誰不眉飛色舞；富麗豪華，紙醉金迷，誰不垂涎三尺；俄頃罷演，一切皆無，而銀幕現前。您看！當他放映之時，銀幕生否？罷演之時，銀幕滅否？性體亦然，諸法生時，性本不生，諸法滅時，性亦不滅；性體空寂，故非生滅；諸法緣起，生滅如幻；幻化非眞，當體卽空，便是涅槃。此卽法華所謂：『諸法從本來，常自寂滅相』。可知衆生本來涅槃，因執諸幻妄，心隨境轉，而不涅槃了。

以上不過是依世俗名言，方便設喻，把無可描繪的涅槃妙貌，勉强描繪一下而已。至於涅槃的深義，則是：『眞如具三德以成涅槃』。云何三德：①法身德——這是佛常住不滅的法性身，爲一切功德法之所依。雖亦爲衆生所同具，法爾的本然；然非離所知障的佛，却不能證得②般若德——這是佛正徧知的智慧覺性，能如實覺了諸法空相。③解脫德——這是佛離分段、變易二種生死的繫縛，所得的大自在。

般若是解脫生死繫縛的智慧；法身是解脫了生死繫縛的自在身，反復推求，此三德，不一不異，相攝相成，曾被讚謂，『如伊字之三點，首羅之三目，爲大涅槃之秘密藏』。涅槃既具有此三德的深義，可知並非如世人的死，外道的斷滅，二乘的灰身滅智了。

何謂無餘涅槃？無餘是對有餘而言的。然！涅槃性畢竟空，那復有餘，既無有餘，亦無無餘，有餘無餘，是依修證圓滿與不圓滿而得名，圓滿謂無餘，不圓滿謂有餘。經論對此開示不一，玆貫攝其要義述之如下：迷於見、思二惑——枝末無明的凡夫，不達四諦緣起之理，執有主宰一切的實我，依此「煩惱障」爲助緣，所感輪迴於三界五趣的生生死死，叫做「分段生死」。迷於塵沙、無明二惑——根本無明的聖者，不了法界平等，心境一如之理，執一切法爲實有。依此「所知障」爲助緣，所感的界外淨報，（無色身壽命，但有微細生滅，念念遷異），叫做「變易生死」。定性聲緣二乘，但斷枝末無明，破我執，離煩惱障之分段生死，叫做有餘涅槃。試將其所餘的涅槃，計核如下：①不具法身德——因其尚餘根本無明未斷，所知障未離，不見佛性故。②不具般若德——因其法執尚在，不能如實了知諸法空相，執有生死可厭，涅槃可欣，寧灰身滅智，不度衆生故。③僅具解脫德之一半——因其尚餘變易生死未了故。據此計核的結果，如伊字三點的涅槃三德，他還剩二點半沒有圓滿，所以名謂：「有餘涅槃」。不定性二乘，和初發心直入佛道的行者，在了分段生死之後，更繼續精進，不畏生死，不住涅槃，誓度一切衆生。歷四十二位次第（十住、十行、十向、十地、等覺、妙覺）漸修漸證，直到菩薩的最後身。把一切：根本無明、法執、所知障、變易生死等，斷盡滅絕，使三德究竟圓滿而成佛，叫做無餘涅槃。

問：佛的色身，是有餘涅槃耶，還是無餘涅槃呢？若說是無餘涅槃，何以又稱佛的入滅爲涅槃呢？若說是有餘涅槃，何以稱菩薩了變易生死成佛爲無餘涅槃呢？按佛並非在娑羅双樹間入滅之後才成佛的，而是在菩提樹下坐道場就成佛了。答：無餘涅槃，是對未了變易生死的有餘涅槃而言，佛既是了變易生死而成佛，當無所謂生死，亦無所謂涅槃，何況有餘無餘。因此佛的八相成道（下兜率、入胎、住胎、出胎、出家、成道、轉法輪、入滅），只是爲度衆生故，垂迹顯本，還迹歸本而已。從其垂迹而論有餘，歸本而論無餘也。

雖涅槃無異爲滅度，然在文法上，應以滅度爲助動詞，涅槃爲主靜詞，否則就不能使文義暢達了。滅卽滅其諸障，度卽度其衆苦。非無餘涅槃之究竟，不能滅度一切衆生之類，非佛之大悲太智，不能令入無餘涅槃。所以說：『我皆令入無餘涅槃而滅度之』。

如是滅度無量、無數、無邊衆生，實無衆生得滅度者。

「如是」是指上文「令入無餘涅槃」之句而言，上文約衆生爲九類，是縮小範圍，把無量無數無邊的衆生一概攝入，便於剖析其和合的因素，思有以對治之法，是佛陀的大智。本文說無量無數無邊衆生，是擴大範圍，盡其所有而滅度之，是佛陀的大悲。「無量」是沒有限量，舉凡卵胎濕化，乃至非有想非無想等，一齊在內。「無數」是沒有定數，雖如恒沙之多，亦在所不計。「無邊」是沒有邊緣，豎窮三際，橫遍十虛，通統都算。

實無衆生得滅度者——有五義：㈠一切衆生本來涅槃，因無始一念不覺，著相迷性，今雖入無餘涅槃而滅度之，不過是敎他自己轉迷入悟，離相歸性，還其本來而已。我並沒有滅度給他，他也沒有得到我的滅度。「實」字甚爲着力，愼勿等閒視之，何則？衆生着相，則虛妄不實；離相，則眞實不虛，眞實性中，尙無衆生可名，那有滅度可得。㈡佛、法，原爲度衆生而設施，今衆生都已滅度，若佛、若法、名何以立？平等法界裏，那有度衆生的佛，和被佛度的衆生，以及所得滅度之法呢？所謂：『平等眞法界、佛不度衆生』。㈢煩惱衆生，生滅諸相，都因第七識的我執，和第六識的分別，狼狽爲奸，所造成的罪業。既得滅度轉識成智，大圓鏡裏，一切皆空。若仍見有得滅度的衆生，即是未得滅度。所以說實無衆生得滅度，即是已得滅度。㈣知幻離幻，幻即妙有，妙有不得眞空，生死何妨涅槃。既無滅度的必要，又滅度個什麼？得個什麼？㈤因衆生非實有故，所以才得滅度。放光般若經裡佛說：『若衆生有所有者，如來不能爲衆生轉法輪，令諸衆生，於無餘涅槃界，而般涅槃•以衆生非物，無所有故，如來爲衆生轉法輪，令得涅槃』。

問：上文佛告須菩提：『應如是降伏其心』。何以本文未提及降伏一字？答：㈠原始須菩提的啓請，十足代表衆生求眞心的迫切，即此求眞一念，就是首先應予降伏的妄心；所以世尊說此不降而降的無上妙法，使其潛移默化於不思議之中。故本文雖未提及降伏一字，然無一字一句，說的不是降心之法。如滅度無量無數無邊衆生，必須具備大智、大悲、大捨的三個條件。以大捨降伏貪心；大悲降伏瞋心；大智降伏痴心。實無衆生得滅度者，是以眞實不虛，降伏疑心；功不自居，降伏慢心。這豈不是字字句句說的都是降伏妄心之法嗎？㈡衆生的妄心，皆由我執而起。我執一破，則樹倒猢猻散，所有的妄心，也就隨之而滅了。然衆生障重，要想敎他就本身方面，修無我法，來降伏妄心，談何容易。所以不得不變通辦法，敎他發大悲心去度化衆生，把我執的妄念，從大悲心中自然的化除，然後才覺心境如交蘆，一蘆仆他蘆亦仆，心境俱空，雖滅度一切衆生，而不見有一衆生得滅度者，原來度衆生，就是度自己。（儒家亦講己欲立而立人，己欲達而達人）雖不明說是降伏妄心，而妄心已被降伏了。悲智善巧，沒有比這種方法再微妙的了。㊂廣度衆生成佛，是不着於空；實無衆生得滅度，是不着於有；空有不着，即是中道第一義諦；第一義中，並無妄心可降。㊃色界以上諸天，都是靠禪定以降伏其心的，所以不得出離三界，而達阿耨多羅三藐三菩提的究竟極果。可見妄心是不能全靠降伏而化爲眞心的。只有「離相」才是斬草除根的徹底妙法哩。

何以故？須菩提，若菩薩有我相、人相、衆生相、壽者相，即非菩薩。

「何以故？」是問：上文說「滅度無量無數無邊衆生，實無衆生得滅度者」的緣故爲何？再呼須菩提的名，是教他注意諦聽以下對這個問題的解答。可見這個問題的重要性如何了！因爲重要，所以佛才自問自答。

「我相」是執五蘊爲我，與他相對待所立的名稱。此相一立，則我身、我家、我國、我民族，和他身、他家、他國、他民族間的利害衝突，不覺而起。小自兄弟鬩墻，大至民族戰爭，互相殘殺，永無了期。因此相心量最狹，造業最重，故列第一。

「人相」是執我類爲人，與他類對待而立的名稱。此相一立，則視漁獵屠宰爲正業，食肉衣皮為當然，以感受來生的三塗苦報，與刀兵浩刦。因此相心量較大，造業較輕，故列第二。

「衆生相」是執人非人類，一切有情，與無情生物對待而立的名稱。所以衆生亦名有情。此相一立，則對物質的追求，漫無止境，增長貪愛，探測太空，想入非非。因此相心量更大，造業更輕，故列第三。

「壽者相」是執一期命根延續的時間，所立的名稱。此相一立，則不了如幻，焚香祈禱，妄圖長年，永為三有所束縛，而不得解脫。因此相雖不造惡，亦未離有，故列第四。

以上四相，是生滅無常的；染污不淨的；本來涅槃，因無明妄動，起惑造業，而障涅槃的。因障涅槃，不見佛性，所以涅槃經云：『見佛性者，不名衆生，不見佛性者，名為衆生。』圓覺經云：『未除四種相，不得成菩提』。

佛教修行人發同體大悲，度一切衆生，即是無我相。不分類別我皆令入無餘涅槃而滅度之，即是無人相。滅度無量無數無邊衆生，盡畢生之力以赴之，即是無壽者相。實無衆生得滅度，即是無衆生相。行人若依教奉行，不執着四相，即是菩薩。若不依教奉行，仍執有四相，即非菩薩。此佛給發菩提心者的當頭棒喝！使知有所警惕，至為深切。四相為對待而生，所以同時俱起；爲分別而有，所以總歸我執；我執破，則一切諸相，無不同時氷消瓦解。今不但說破我，而由一我開為四相者，爲使行人知第六識的分別，生於末那的我執，及其分別的作用之大，造業之重，而發深省。此如來微意，學人亦應於此處，微密觀照，萬勿以了解經文爲滿足，若以了解經文爲滿足，則又何必了解，給第六識平添許多分別妄想呢？江居士對此段文的觀照方法，言之甚詳，而歸結於「受持」二字。受持卽是依敎奉行，如能依敎奉行，一句卽可成佛。如江居士云：『一切衆生皆滅度之，是大悲；實無衆生得滅度，是大智；是爲悲智双融，能證不住生死，不住涅槃之佛果。』特擧此一說，以例其餘。願與同道共勉之。

第四分　無住爲住

讚詩

施盡三檀無所求　根塵處界一齊休
雙忘心境知何似　駘蕩春湖不繫舟

概　論

上分說降伏，本分說住，乍看！好像降是降，住是住，截然劃分得很清楚，實則是翕然而合的一件事。何以故？前言以離相爲降伏，卽含有以無住爲住之義在內；此言以無住爲住，亦含有不降而降之義在內；前言度盡一切衆生，是發大願；此言應無所住行於布施，是起大行；大願是爲大行而發，大行是爲大願而起；無願之行，近於盲目；無行之願，徒尙空談；前言度生是理，此言布施是事；事外無理，理外無事；事必依理，才能行之無礙；理必托事，才能證知其眞；這豈不是翕然而合的一件事嗎？若說是一，布施實賅萬行；若說是異，萬行不外度生；此又前後互顯不一不異的中道第一義諦。因本分和上分，有此密切關係，所以開始用「復次」二字表示上分尙有未盡之義，再於本分爲之補充。布施爲六度的首要，總賅其餘五度，是菩薩度生的無上妙法，但不可住布施之相，所以開門見山便說：『菩薩於法，應無所住，行於布施』。色聲香味觸法，是六塵境相，不出世間名利範圍。如果爲名利而行布施，就是住於塵相，所以說：『不住色布施，不住聲香味觸法布施。』又因行人容易錯會：布施原爲求福，若不住相，豈非落空？而不知住相布施，是着相逐妄，雖有福德，不過是人天小報；不住相布施，是離相歸性，其福德之大，直堪與十方虛空，等量齊觀。所以說：『若菩薩不住相布施，其福德不可思量。』又擧東西南北四維上下虛空爲喩。若菩薩能依此不住相布施的敎訓去行，則所發的阿耨多羅三藐三菩提心，就永遠的不會退轉了。所以說：『菩薩但應如所敎住。』

述要

復次，須菩提，菩薩於法，應無所住，行於布施。

「復次」——是又一次，把上文沒有說完的話，再作一次來說。「法」——凡是耳聞目見的事事物物，和事物已經謝落了的影子，在心理上留下的痕跡，乃至一切世出世間，有爲無爲諸法，無不包括在內。「住」——是執着，二乘不了「三界唯心，萬法唯識」的道理，於一心之外，妄生執着，而住於法相。「菩薩於法，應無所住」——就是菩薩於一切法，都不應當有所執着。這是正對須菩提所問的「應云何住」之句，痛下針砭的開示。「行」——是實行。「布施」——是六度法門裏的一個法門，「行於布施」——就是脚踏實地的把一切佛法，透過布施這個法門而行之於世。住字與行字恰恰相反，住卽不能行，行卽不能住，行卽行其所不住，不住卽不住其所行。應無所住，是不住於法；行於布施，是不住於非法；二邊不著，卽是中道。

一切佛法，不外六度，六度以行爲要•若不行，則不但不得稱之爲度，而且不得名之爲法。布施爲六度之足，六度非布施不能行。所以本文以簡御繁，但擧一布施，總眩六度。故今講布施，不得不略明六度如下：

㈠布施——梵語檀那，翻爲布施。有三種：①以金錢物資，賑濟貧乏，叫做財施。②講經說法，印贈經典，叫做法施。③以大無畏精神，不顧生死，救人脫離險難，或恐怖境遇，叫做無畏施。布施雖分三種，行時務要互融，否則，就犯了執着不通的毛病了。譬如：講經說法，也能使人增長福慧，脫離險難，一言尙可興邦，何況說法。以金錢物資賑濟貧乏，也能給人以聽經聞法，和脫離險難的助緣。救苦救難，更能感人回心向善，福慧雙修。此布施別說非一，通說非異，不一不異，卽是中道。若以爲沒有金錢物資，就不能行財施；沒有講經說法的機緣，就不能行法施；沒有救苦救難的力量，就不能行無畏施；那就執着法相，畢竟一施難行。所以後文有：『無有定法名阿耨多羅三藐三菩提，亦無有定法如來可說。』之句。布施能破慳貪。吝財吝法，不肯饒益有情，叫做慳；欲壑難塡，得寸進尺，叫做貪；貪者必慳，慳者必貪，能造種種惡業，生死重罪，所以非把他破除不可。

㈡持戒——持是堅持不失，須臾不離。戒是戒律，乃佛爲修行人，範圍身心，防非止惡所立的繩墨。有在家出家之別：在家有優婆塞、優婆夷所持的五戒、八戒、六重二十八輕的菩薩戒。出家有沙彌十戒，比丘二百五十戒，比丘尼三百四十八戒。七衆共持有十重四十八輕的菩薩戒。戒條雖多，要皆以殺、盜、淫、妄、酒的五戒爲基本，以「止持」與「作持」爲原則。基於同體大悲，物我胞與的深心，不直接間接殺害任何生命，謂之戒殺。儒家亦有「網開三面」，「弋不射宿」，「見其生，不忍見其死，」等的戒殺明文。不與不取，非義不取，不假公濟私，走私漏稅，貪贓枉法，謂之戒盜。在家不犯邪淫，出家不起淫念，謂之戒淫。不虛謊欺詐，惡口傷人，播弄是非，綺語猥褻，謂之戒妄。因酒能亂性，不沽不飲，謂之戒酒。在消極方面斷一切惡，謂之止持。在積極方面行一切善，謂之作持。例如：戒殺爲止持，救人放生爲作持。學人須本此基本原則，善識開遮，萬勿執著文字戒相，召致不犯而犯的重罪於不知不覺之中。例如：殺戒原是性重之一，然殺一强盜，救五百商人，乃釋迦世尊在因地行菩薩道時之所曾爲。瑜伽經有云：「以憐愍心，而斷彼命，由是因緣，於菩薩戒，無諸違犯，多生功德」。孟子云：「言不必信，行不必果，惟義所在」。又云：「嫂溺不援，是豺狼也」。是儒家亦重開遮，而不爲「言必信，行必果」，「男女授受不親」的教條所束縛。恒見今之持戒者，對犯戒壞法之人，不但不予發露，反責發露者爲謗法毀他，而犯戒壞法者，即藉此爲護符，更加肆無忌憚，此不但不識開遮，亦且不明戒法。涅槃經長壽品有云：『見有破戒壞法者，即應驅遣訶責舉處，若不驅遣舉處，當知是人佛法中怨』。發露壞法，豈能和謗法毀他混爲一談？孔子作春秋，亂臣賊子懼，豈能「以隱惡揚善」的尺度，去衡量至德？不識開遮，即不識所以止持與作持。不識止持與作持，則其所斷者未必是惡，所行者未必是善。所以持戒，非有高度智慧，不能持得清淨圓滿。如能持得清淨圓滿，則貪瞋痴慢，一切煩惱，悉皆破除。

㊂忍辱——梵語羼提。對違逆拂拗侮辱諸境，能順受忍耐，所謂逆來順受，雅量容物，叫做忍辱。忍字包括很廣，此外尚有法忍，無生忍二種：於自然界之寒熱風雨，水旱災難，及饑渴老病死等，不起瞋恚憂惱，和厭棄之念，而修行佛法，不因此而稍有懈怠，叫做法忍。了知一切法本來不生之理，而安住心於不動，叫做無生法忍。諸忍以忍辱爲最難，辱而能忍，則何事不可忍？所以但舉一忍辱，以賅其餘，此度能破瞋恚。

㊃精進——「進」是進修，然必須精而後能進。約有四義。①一心一意的進修前後五度，叫做精誠。②純然無雜，一門深入，叫做精純。③小心求證而不盲從，叫做精細。④循序漸進，不躐等越級，叫做精密。此度能對治懈怠。

㈤「禪定」——爲梵語「禪那」，舊譯曰「思惟修」，是以修因而得名。新譯曰「靜慮」，是以當體得名。爲一種心地定法。欲界中人，欲離煩惱，以思惟研修爲因而得此定者，故名思惟修。禪那之體，雖爲寂靜，亦具有對境如實慮知的功用，故名靜慮。「定」爲梵語「三昧」，譯名曰「止」，是止心於一境，而離散動之義。即一心研修爲「禪」。一念靜止爲「定」合稱謂之禪定。凡外爲却病延年，死後生天而修此。佛爲發無漏智，入無餘涅槃而修此。此度能止息散心與妄念。

㈥般若——是梵音，譯義謂智慧。不同與八難之一的世智辯聰，恐爲其所混淆，所以經中仍用梵音般若，而捨譯義智慧。此度能破愚痴。

所謂布施者：即是將持戒、忍辱、精進、禪定、般若等五度，爲人解說，使人信受奉行。此、本文所以但舉一布施，而賅六度也。不但布施能賅六度，即任舉一度，亦含有布施之義。何以言之？布施即是「捨」。例如持戒：殺戒即是捨瞋；盜戒即是捨貪；淫戒即是捨情慾；妄戒即是捨詐僞；酒戒即是捨狂亂。乃至般若及一切法，都不外一個捨字。因此，與其說布施能賅六度，無寧說六度即是布施、即是一切法。捨即是不住，不住即是行；不住是不住於法，行是不住於非法；法與非法，二邊不著，所以布施，即是中道第一義空。

所謂：不住色布施，不住聲香味觸法布施。

上文說：『應無所住，行於布施，』究竟怎樣無所住呢？本文即佛爲之解答：就是我曾經所說的不住色布施，不住聲香味觸法布施。「色」是眼根所看見的形形色色。「聲」是耳根所聽見的聲音。「香」是鼻根所嗅到的香氣，「味」是舌根所嘗到的酸甜諸味。「觸」是身根和外物的接觸。「法」是意根於對境或不對境時，所起的分別動念。「根」是能生之義。如草木之有根，能生枝葉。眼耳鼻舌身意對境即能生識，所以名謂「六根」。「塵」是無量無邊之多，染污不淨之義。色聲香味觸法遍一切處，最易沾惹，爲其染污，所以名謂「六塵」。尤其在行布施之時，六根絕難不沾惹六塵。若沾惹色塵，則眼根不淨；沾惹聲塵，則耳根不淨；乃至沾惹法塵，則意根不淨。六根不淨，則迷於二空，而成二障，如何能行布施？

然徒爲避免沾惹六塵，竟不行布施；就又墮入無爲坑塹，而成斷滅了。那末應該怎麽辦呢？惟有沾惹六塵，而不著六塵境相，如妙蓮華，出汚泥而不爲汚泥所染，才能行於布施。不住色——是眼根本空，無色可住；如美國有黑白之爭，布施則不分種色。不住聲——是耳根本空，無聲可住；只管布施，不問毀譽。不住香——是鼻根本空，無香可住；我與衆生，息息相關，無氣不投。不住味——是舌根本空，無味可住；隨順給養，不別勝劣，而起愛憎。不住觸——是身根本空，無觸可住；外物之來，如箭穿空，不爲所動。不住法——是意根本空，無法可住；一切現象，如雁過寒潭，影亦隨逝。

六根但緣六塵。而起見聞覺知，分別計度的作用者，乃爲六識。何不曰不住識布施，而曰不住色等六塵布施呢？因識爲心法，隱微難知；塵爲色法，顯而易見；若觀此塵境，爲因緣所生，當體卽空，則根無所緣，識亦不生；所以但擧六塵，使之不住，則十二處、十八界也都不住了。又急則治其標，緩則治其本，爲醫家要訣；今衆生生死，迫於眉睫，若不從顯而易見的塵境以治其標，而從隱微難知的識以治其本，則緩不濟急；所以不說不住識，而說不住六塵。

須菩提！菩薩應如是布施，不住於相。

此是上文結語，「如是」——是指上文「所謂不住色布施……」等句而言。就是說：應當依上文所說的不住色等，去行布施，但不可執著於布施之相。問：上文已說「不住」，此又說「不住於相」，其義云何？答：㈠此「不住於相」，是說明上文「不住」的原因，並非衍文。上文但說不住色等六塵布施，而未明色等六塵，都是因緣幻起的假法，所以不可住著，乃於本文以一「相」字點出。怎知此一「相」字，就是說明六塵是因緣幻起，而不可住著呢？因為後文有：『凡所有相，皆是虛妄，若見諸相非相，則見如來，』之句，是以知之。下句解釋上句，後文解釋前文，如抽絲剝繭，層層深入，乃本經的特色，不可不知。色聲香味觸法，是「有相」，一住就不能行於布施。不行布施，就不能以度人者自度。如此則眼合色塵，耳合聲塵，乃至意合法塵。合塵則背覺，又怎能見自性的如來呢？可見「不住於相」，是何等的重要了。「不住於相」，是不住於有；「應如是布施」，是不住於空；空有不住，才是真正的不住。所以經中說布施，必帶不住，布施與不住，始終不離。㈡不住色等六塵布施，言之易行之實難。所以非在行上歷練不可。如有所為而行布施，固然是著了有相，即無所為而行布施，若起無所為之念，亦是著了法相。「應如是布施，不住於相。」即是教行人，不但不應住色等六塵布施之有相，即不住之法相，亦應不住。此最精微之處，萬勿忽略。

何以故？若菩薩不住相布施，其福德不可思量。

「何以故」——是設問：上文說「應如是布施，不住於相，」是什麼緣故？「若菩薩不住相布施，其福德不可思量。」即是申明其故。問：既說不住，又講福德，豈非矛盾？答：㈠世間凡夫，亦嘗為求福報而行布施，故經中每舉三千大千世界七寶，以喻其布施之多。然此為住相的財施，雖有福德，不過限於三界人天，報盡仍墮輪迴，並非不可思量。菩薩為利益一切衆生而行布施，三輪體空，心無所著，是不住相的法施，雖不求福德，而自然以生死爲涅槃，煩惱爲菩提，在世離世，在塵出塵。可知此福德，是不可思量的無上菩提之果。所以不住與福德，並無矛盾。㈡佛法不離因果，離因果則無佛法。所以本經有八次較福，具明修因證果。此言福德不可思量，卽是明因果法。使衆生知道以不住相布施爲修因，卽證福德不可思量之果。說不住是明因，講福德是明果。豈得謂之矛盾。

問：既說「福德不可思量」是無上菩提之果，何不直說菩薩不住相布施，卽證無上菩提之果，而說福德不可思量呢？答：布施求福，是衆生通病，積習難除。若聞證無上菩提之果，必因怖畏而生卑慢。所以後文有：『所得功德，我若具說者，或有人聞，心則狂亂，狐疑不信』之句。故以「不住相布施福德不可思量」之語，以誘導之。使知布施若不求福德，則福德更大，大得不可思量。不可思量則不思量，不思量則不住相。「不可思量」是不住法相，「福德」是不住非法相。義至微妙。

須菩提！於意云何，東方虛空，可思量不？不也！世尊。須菩提，南、西、北、方，四維、上、下虛空，可思量不？不也！世尊。

本文是發揮上文福德不可思量之義。「四維」就是東南、東北、西南、西北的四隅。「

思量」是以心思度量事物的深廣。佛擬以虛空不可思量，喻不住相布施福德之不可思量，故先舉十方虛空，問須菩提可思量不？須菩提答曰：不可思量。一般所謂的虛空、是空無一物的頑空，並非不可思量，乃凡夫所執，不足以喻不住相布施之福德。今此所謂的虛空、是不可思量的眞空，約義有五：㈠平等周徧，十方無極，是其體不可思量。㈡絕色無相，不能執取，是其相不可思量。㈢虛空包羅萬象，空而不空；萬象不礙虛空，有而不有；是其用不可思量。㈣不爲塵累，清淨無染，是其莊嚴不可思量。㈤上溯無始，下窮無終，無有成壞，是其劫永不可思量。問：但舉一虛空，已足以喻不住相布施之福德，何須累舉東南西北，四維上下呢？答：虛空無方，若有方，則非虛空，東西南北四維上下，皆是依他而起的假名，必須一律遣蕩，始能無住。故先舉東方以驗知其假，再觸類旁通，依次及於南西北方，四維上下，無非是假。使知十方盡屬虛空，尚無所住，何況諸相不出十方之外者，而有所住嗎？

須菩提！菩薩無住相布施，福德亦復如是不可思量。

前言不住相布施，是教不要住布施之相。此言無住相布施，是說根本沒有布施之相可住。「無」字較「不」字，更深一層。「如是」二字，是指上文所說的虛空而言。上文言虛空不可思量，正所以喻此無住相布施之福德。所以說：『菩薩無住相布施，福德亦復如是不可思量』。大涅槃經以虛空喻佛性，此以虛空喻無住相布施之福德，可知無住相布施之福德，即是兩足尊之佛果。佛的境界，思量尚且不可，那有言可說，有物可喻呢？今以虛空為喻者，即是以無言為說，以無物為喻。是義至微至妙，不可不知。

須菩提！菩薩但應如所教住。

此句是答覆須菩提所問「應云何住」的總結語。「但應」二字很要緊，須仔細玩味。「但」是惟獨之義。「應」是應當。即是說：惟獨應當依我所教給你的「無住相布施」為住，別無他法可以為住。上分以離相為降伏，即含有不住之義；本分以不住為住，亦含有降伏之義；前後映輝，互相發明。降伏即是不住，不住即是降伏；離相即是捨，不住亦是捨；捨有、捨空、捨法、捨非法；一切俱捨，即得阿耨多羅三藐三菩提。所以說如所教住，也可以說是如所教降伏其心。

第五分　離相見性

讚詩

迷春故作尋春人　杖履蹌蹌惹陌塵
忽見層巒疊翠起　山花啼鳥無非春

前此所說，是以不住相爲主。如：滅度一切衆生，是不住我相；實無衆生得滅度，是不住衆生相，菩薩於法，應無所住，是不住法相；行於布施，是不住非法相。復以福德不可思量，明不住相之因果。然，言福德不可思量，不過是誘導衆生，修不住相行而已；而衆生根鈍，不免對此究竟之所以然，尙有疑問。所以本分佛問須菩提：「於意云何，可以身相見如來不」？就是考驗須菩提是否了知，不住相福德，不可思量之所以然。須菩提解空第一，當然沒有一般不了空者的那種疑障，隨卽答道：『不也，世尊，不可以身相得見如來，何以故？如來所說身相，卽非身相』。意謂：如來是衆生本具的性體，身相是虛妄生滅的幻相，所以不可認假作眞，執相爲性，而見如來。這是什麼緣故呢？因爲如來您所說的身相，並不是有實體的身相，怎麼可以執著他，見如來呢？佛聽須菩提這番回答，甚以爲是，乃與之印許的說：不但四大假合的身相，是虛妄不實，連世間所有的一切諸相，也是虛妄不實的。若能徹底明瞭諸相非相，則般若正智，不爲所障，就可以見如來了。

述要

須菩提！於意云何，可以身相見如來不？

上分結語：『菩薩但應如所教住』，似已將須菩提所問的降心與住心的道理，說盡無餘，而宣告結束。本分開始說此「於意云何，可以身相見如來不？」之句，乍看，頗與上文不相聯屬，但細玩向下各句，始知與前文脈絡，仍爲一貫。何以故？前文只說到，不住相福德不可思量的果爲止，而未明其所以修如是因，證如是果的理由是：「見諸相非相，則見如來」，恐爲衆生之所惑。佛爲衆生斷此惑故，乃以「可以身相見如來不」之句，反詰當機，以試須菩提是否有此疑惑，好再酌予開釋。此在義理上說，是佛的悲智善巧；在文理上說，是激湍抑揚之勢；至爲幽微。

「身相」——是衆生四大假合的色身幻相。「如來」是衆生本具的法身佛性。衆生雖有本具的法身佛性，惟自無始以來，即被我、法二執所覆藏。一向不是認假爲眞而著有；就是滅相離有而著空；所以有分段、變易兩重生死。佛說不住相，就是教衆生破此二執，了脫兩重生死而自見其本具的法身佛性。因爲：性體是不生不滅的。不生即非有，不滅即非空，必須空有兩邊不著，才能見性。不住相，就是不著空有兩邊的相。

佛說不住相，是不住一切相。一切相中，惟有身相最是易執難破，若能不住身相，則其他的一切相，自亦易於不住。所以佛約一切相爲一身相，以問須菩提：「可以身相見如來不一？就是說：可以執着這個四大假合的色身幻相，以爲實有，而見自性如來嗎？也可以說是：可以執著一切相爲實有見如來嗎？以試須菩提，是否了悟不住相之所以。觀後文：『佛告須菩提，凡所有相，皆是虛妄』等句便知。

不也！世尊，不可以身相得見如來。

江居士把「不可以身相得見如來」，分成「不可，以身相得見如來」兩句作解云：『舊解身相當然是空，從法身上說，應化身亦是幻相；故云不可以得見如來，但義有未盡，照此解釋，則住於非法相矣。須知不也世尊之不，是唯唯否否，不可完全作否決解，既答不可，復說可以故是雙明，且果全是否決，下句何必加以得字？須菩提意謂：不可以相作性，就身相見如來。然相由性現，亦得以身相見如來。故下文又有如來所說身相之申明也。作一句讀，於事實上，道理上，文字上，種種說不通。倘如此答不可以身相見如來，須菩提尚止悟相是相，性是性，仍是小乘見解，落於偏空，不是第一義空，何以能稱解空第一。況前八會皆是須菩提當機，且曾代世尊宣說二邊不著之理，何以至此反不明瞭耶？此與事實不合也。本經發起序中，世尊穿衣吃飯，示現大空三昧，衆人不知，須菩提已悟其理，一啓口卽讚嘆『希有世尊！如來善護念諸菩薩，善付囑諸菩薩。』明明見得如來之示現凡夫相，見得相不障性，何至經世尊兩番開示之後，乃祇見得一邊，性相不融，則前文希有二字，卽無來歷，如來善護念二語，亦了無意味，此與道理不合也。又照此讀法，完全是否決，則『不也世尊』一句可了，何必贅以身相見如來，又何必加以得字，此於文字上不合也』。

此種解釋：是居士自云持誦此經四十餘年之所悟，非尋常咬文嚼字者可比。吾輩後學，服膺之不暇，何敢妄加非議。但按一般舊解，亦未可遽以小乘見解，謬覷須菩提，故不得不一爲闡述，作爲假設，以待就正於高明。

上文佛問須菩提：可以執著這個四大假合的色身幻相以爲眞實見如來嗎？此文爲須菩提所答：不可以執着這個假相以爲眞實而見如來。既不可以執著假相見如來，當然可以不執著假相見如來。不執著假相，只是不認假爲眞，並非不認假爲假。既認假爲假，則卽假、卽空、卽中，豈不是第一義空嗎？簡而言之：「不可以身相得見如來」，就是不可以住相見如來。既說不可以住相見如來，則可以不住相見如來之意，自在言外。不住相，並非滅相，不滅相，則卽相見性，怎能說這是小乘偏空的見解呢？此於事實上、道理上，均無不合之處。「不也世尊」——是須菩提先向世尊表達其否決之意，「不可以身相得見如來」——是再續述其否決之事。這是我們本土人所習用的語法，迄今猶然。乃譯筆之善巧，豈得謂之贅詞。至於加以「得」字，依舊解固非絕對不可加，卽依江居士的斷句解釋，也不是非加一「得」字不可。此於文字上，也並無不合之處。須菩提就怕我們後生有此疑惑，所以有下文：「如來所說身相，卽非身相」的申明。

據此，似不必勉强把一句分成兩句解釋，更不必爲遷就此種斷句的解釋，把上句顯然是否決之詞的「不」字，釋爲「唯唯否否」，不知唯唯是謙應之詞，並非摸稜兩可。況在文法上講：「不可」二字不能成句，必須說：「不可怎樣」。「以身相得見如來」也不能成句，必須說：「怎樣以身相得見如來」。

何以故？如來所說身相，卽非身相。

「何以故」——是須菩提自問：我上文所答的「不可以身相得見如來，」是什麼緣故呢？「如來所說身相，卽非身相」——是須菩提自答：因爲如來（稱佛）所說的身相，是緣生幻有的假相，不是眞身實相喲。我們看須菩提這一申明，縱使笨如頑石，也不難知道他上文所答的「不可以身相得見如來」，就是不可以住相見如來。既知不可住相見如來，那有不知可以不住相見如來之理？何必把一句分成兩句來說：若著相則不得見性，故答：『不可』。若不著相，卽相可以見性，故答：『以身相見如來』呢？

佛告須菩提：凡所有相，皆是虛妄。

上文佛但舉身相問須菩提，彼亦但以身相作答。本文是佛印許其所答之不謬，且更推廣其說，以明佛原來所問的本意。你說：不可以住相得見如來的緣故，是因爲身相是緣生幻有，而不是眞實的話，固然很對，然應知：不但身相，卽凡所有相，也一樣的是虛而不實，妄而非眞。「凡所有相」包括：我、人、衆生、壽者、乃至諸佛菩薩的應化身。只要是有形可見，及意識得到的法與非法等相，無非是緣生緣滅，如幻如化，故名虛妄。所以不但不可以執著身相得見如來，更不可執著一切相得見如來。那末必須怎樣見如來呢？下文卽是。

若見諸相非相，則見如來。

「諸相」——就是凡所有相，也就是「身相」的推廣。「非相」——就是凡所有相皆非眞實，也就是「非身相」的推廣。諸相雖多，不外我、法。只要明瞭凡所有的我、法諸相，都是虛而非實，妄而非眞，就不住相了。不住相，則見如來。「見」字極關重要，乃是法眼所見，不是肉眼和慧眼所見。肉眼所見的諸相是相，徧計所執，如狗逐塊，心隨物轉，是謂凡夫，不能見如來。慧眼但見我相非相，不見法相亦非相，證偏空慧，是謂小乘，亦不能見如來。惟法眼能見我法諸相皆非眞實，而是依他起的虛妄幻相，「若了依他起，別無圓成實」，不必滅相求眞，當體卽眞，所以說：「若見諸相非相，則見如來」。

「若見諸相非相」，卽所以修不住相之因。「則見如來」，卽所以證福德不可思量之果。何以故？唯有見諸相非相，才能不住相；唯有不住相，才能見如來；唯有見如來的福德，是不可思量的。

第六分　持戒生信

讚詩

莫說因深果更深　誰將妙法費推尋
當來縱到三期後　不乏人生淨信心

概論

本分是須菩提，恐怕佛所說的「不住相布施福德不可思量」，和「若見諸相非相，則見如來」等眞空無相妙法，不是一般凡夫所能信受奉行的，乃請問世尊：『頗有衆生，得聞如是言說章句，生實信不』？佛答：你不要這樣說！不但如來我現在住世期間，有人能生信心；就是我當來滅度之後，後五百年的末法衆生，也有持戒修福的人，對我所說的這些章句，能生信心，且能瞭解此中的眞實義理。當知末法衆生，去佛久遠，本具眞心，早為十八界所迷惑，五蘊所障蔽，而尚有持戒修福，信此言說章句者，殊非偶然！乃於過去世無量佛所，供佛、聞法、修行，在識田裡，深深的種下了很多的善根。善根一遇善緣，必然要蓬蓬勃勃，鬱鬱叢叢的生枝長葉，開花結果，所以一聞便得無量福德。所謂：彌天大罪，不過一悔；無上妙法，不過一信。衆生心，不出如來性海，尤其是淨信心，更與如來心心相印，所以如來對此等衆生，悉知悉見。

何以非持戒修福的人，不能生淨信心，得無量福德呢？因為持戒修福的人，已竟背塵合覺，沒有我相、人相、衆生相、壽者相、法相、非法相等的執著妄想，障蔽其本覺眞心了。我、人、衆生、壽者，無不因取相而有。所以說：若有取相之心，卽著我、人、衆生、壽者；若有取法相、非法相之心，亦皆著我、人、衆生、壽者。所以法與非法，都不應取。一切不取，兩邊不著，卽是眞空無相。以此而信心淸淨；而得見如來；而福德不可思量。又恐衆生於此不著的妙理，未能徹底瞭解，乃引常說舟筏之喻，以示法尚不可執，何況非法？

述要

須菩提白佛言：世尊！頗有衆生，得聞如是言說章句，生實信不？

「如是言說章句」——是指前此所說「無住相布施、福德不可思量。若見諸相非相，則見如來」等法而言。集言成句，集句成章，乃文字組合的規程。「生實信」——是對眞實義理發生信仰。華嚴經云：『信爲道源功德母，長養一切諸善法』。智度論云：『佛法大海，信爲能入』。世儒亦嘗言：『人而無信，不知其可也。大車無輗，小車無軏，其何以行之哉』。可見無論世出世間一切善法，非信不行了。然所謂信者：並不是信言說章句，而是信言說章句所揭示的眞實義理。須知文以載道，我們信的是文所載的道，而不是載道的文；雖不是載道的文，又不能離文而求道。文和道的關係，有如是之密切，所以道深而文亦難解。須菩提就是鑒於世尊上文所說的道理太深，恐一般衆生，解文不易，了義更難；所以發此一問：頗有一般不是利根上智的衆生，聞世尊所說的這些章句，能够了解其眞實義理，而發生信心嗎？

佛告須菩提：莫作是說！如來滅後，後五百歲，有持戒修福者，於此章句，能生信心，以此爲實。

本文是佛告誡須菩提說：你不要作這種說法，豈但現世有人生信，縱到如來我滅度後，最後的一個五百年，也有持戒修福的人，於此般若章句，能生信心，認爲是眞實不虛。

「莫作是說」——是佛制止須菩提，不敎他這樣說。上文須菩提之問，本爲世尊所說的道理深邃奧妙，恐非一般凡流所能信受，其意亦不爲過。何以世尊霹靂一聲，以「莫作是說」一語，急堵其口呢，因爲衆生原有一種我慢的通病，對佛所說的眞空妙理：高慢的，認爲是談玄說妙，不足聽信；卑慢的認爲是高深莫測，非我所知。所以佛有：「布施、愛語、利行、同事」等四攝法，以方便調伏，曾使退席比丘，回心悟道。今須菩提，不曾考慮以方便調伏之法，弘揚般若，遽問：『頗有衆生，得聞如是言說章句，生實信不？』未免令人聞之，更增長其慢病而不生信心。所以世尊急誡之曰：『莫作是說』。

「如來滅後」——滅是滅度，滅盡諸障，度脫衆苦，即是涅槃。故稱佛涅槃謂入滅。問：如來法身，無障可滅，非苦可度，何以說如來滅呢？答：（一）約相言：如來爲滅度一切衆生，從法身本體，垂迹示現的應化身，於滅度衆生後，仍要緝化歸本。「如來滅後」不是說如來滅了之後，而是說如來滅度了衆生緝化歸本之後。（二）約性言：如來的應化身，不同於衆生爲五蘊所束縛，生滅全不自在；而是依體起用而現生相，攝用歸體而現滅相，體用不二，生滅自在，雖生而未嘗生，雖滅而未嘗滅。爲表示如來生滅，不同於衆生生滅故，所以說「如來滅」。（三）尤有深意：卽警策衆生，如來的應化身，尚是虛妄，須要滅度，何況汝等衆生，乃至凡所有相，而可不洞見其非，執爲實有，迷失自性的如來藏嗎？

「後五百歲」——大集經云：佛滅度後，分五個五百年，每五百年，各說一堅固，以示衆生根器的利鈍　牢不可破，關係佛法之興廢甚鉅。第一個五百年，是解脫堅固：衆生多有證般若波羅蜜，解除其惑業的束縛，脫離三界苦果者。第二個五百年，是禪定堅固：衆生得究竟解脫者雖少，然住於禪定，發無漏智者尚多。第三個五百年，是多聞堅固：衆生不但無究竟解脫者，卽禪定亦多不修，專尙多聞，空談理論，如說食不飽，數他家珍。第四個五百年，是寺廟堅固：雖多聞亦希有罕見，祇知興建寺廟，徒具形式。第五個五百年，是鬥爭堅固：廢棄三學，增長邪見，宗派互訌，爭名奪利。結果，佛法殄滅。

若與大悲經所說：正法一千年，像法一千年，末法一萬年的三個時期來比照，前兩個五百年，卽是正法時期，因衆生根器尙利，法儀未改，有敎、有行、有證，故稱正法。次兩個五百年，即是像法時期，因衆生根器轉鈍，道化訛替，但有像似的教行，故稱像法。後一個五百年，即是末法時期的初五百年，因衆生的根器更劣，雖像法亦極微末，故稱末法。

考佛滅度時，約在我國周敬王四十三年（西曆紀元前四七七年）距今約有二四四一年。以此推斷，現在正是後五百歲的時期。難怪，爭名的爭名，爭利的爭利，更有爭收徒弟的笑話百出。殊堪浩歎。

「持戒修福者」——有講持戒修福是兩回事：持戒是諸惡莫作，修福是衆善奉行。其實不然，持戒與修福，似二而實一。何以故？持戒的特質：爲「止持」與「作持」。「止持」即止一切惡；「作持」即行一切善；未有止而不作者；亦未有作而不止者；因止持與作持，同爲大悲故。又如，不住相布施是修福，然非持戒者不能行。何以故？持戒即不住一切相故。寶積經云：『善持戒者，無我、無我所、無作、無非作。』所以說持戒與修福，似二而實一。不過持戒是明因，修福是明果；言持戒修福者，是因果同時並明，使衆生知所以修如是因，即所以證如是果而已。福之最大者，莫過於慧。因爲無慧，則不能對般若生實信心；不能對般若生實信心，則不能行無住相布施，得不可思量福德；更不能見諸相非相，得見如來。然慧生於定，定生於戒；所以說持戒即是修福，惟有持戒修福的人，才能對此般若章句，生實信心。

世尊獨說此後五百歲，衆生鬥爭堅固之時，有持戒修福者，於此章句，能生信心，以此爲實。其意云何？一是：示般若重在實行，不尙空談；所以修行般若，當以持戒爲先決條件。二是：示末法厄運，並非不可扭轉；祗要衆生能持戒修福，佛法便能發揚光大，一如正法時期，乃至如佛住世時之興盛。吾輩行人，勉之，勉之。

當知是人，不於一佛、二佛、三四五佛而種善根，已於無量千萬佛所，種諸善根。

「當知」——是佛敎衆生應當知道，不要忽略。可見此段經文是何等的重要了。「是人」——指持戒修福的人，當知是人能出現於後五百歲，鬥爭堅固之時，對般若奧義，生實信心，並非無因。我們猜想他在過去世，以一劫一佛計算：說不定從一佛、二佛、三、四、五佛，供養、聞法、修行，種下了很多的善根，才有今日的成就。然佛見尙不止此，亦不止千萬佛，已於無量千萬佛所，種諸善根。「無量」——是不可說之數，既說千萬，又說無量者；是以千萬爲單位，積成不可說之數。因深果亦深，當來所證到的果，必然也是無量福德。

當知是人，已於無量千萬佛所，種諸善根，直到今佛後五百歲，才能對般若生實信心。可見般若之深微難信，確如須菩提所說。而是人之發心長遠，亦頗值得讚歎。吾輩學人，切莫自恃狂慧，輕慢般若，才一涉獵，便謂已徹法源，盡了實義。應師範是人，持戒修福，離諸貪染，腳踏實地的依教奉行，精勤不懈，由文字起觀照，而達於實相，勿使般若大法，淪爲揮麈清談的資料。我們今日對般若有一知半解的，亦何嘗不是無量劫來，所種的善根。即應珍惜前功，益加奮勉。

當知是人雖在無量千萬佛所，種諸善根，然其罪障之深，恐較其所種的善根，尤有過之。不然，何至於今佛後五百歲，才能對般若生信心呢？是人尚且如此，吾輩可想而知。即應加强持戒修福的功行，懺悔三業障，增長諸善根。庶幾度生死流，登涅槃岸，指顧可期。倘再因循怠忽，徘徊於名利之途，堅固於鬥爭之事，一入輪迴，更失人身，將不知幾千萬劫，始有持戒修福，聞是般若章句的機會哩。

聞是章句，乃至一念生淨信者。須菩提！如來悉知悉見，是諸衆生，得如是無量福德。

聞是章句——是說持戒修福的人，聞此般若章句。凡夫於一切法，徧計所執，妄見分別，莫說不聞般若，即聞亦不生信。是於無上菩提之道，未種善因，雖遇善緣，無所爲助，當然亦無善果可得。持戒修福者，於一切法，不住於相，平等無二，一聞般若，便能生淨信心，是於無上菩提之道，既種勝妙之因，又復助以勝妙之緣，當得勝妙之果，亦是理所必然。

乃至一念生淨信者——信心有少念生的，有多念生的；信念少，則雜念多；信念多，則雜念少；無論信多信少，都非純然無雜，不得稱之爲淨。惟有一念頓脫，萬念俱灰，而實相現前，才能稱得爲淨。所謂：「一切法不生，則般若生」。故此「一念」，卽是由觀照般若的工夫成熟，與實相般若相應時之純淨一念，並非指最少限度之一念而言。觀後文「信心淸淨，則生實相」之句，足證生淨信心，無異的就是生實相，實相一生，則妄念盡除。若以一念爲最少限度之一念，豈有僅一念生實相，尙餘多念不生實相之理？例如：「一念信阿彌陀佛之本願，而往生淨土之業成辦」。也是以純然無雜的信心爲一念的，必非以最少限度之一念，卽可成辦往生大業。世尊說彌陀經：敎衆生念佛，念到一心不亂，往生淨土，受諸極樂。說金剛般若經：敎衆生一念生淨信心，得無量福德。心淨則土淨；一心卽一念；極樂卽無量福德，用功的着眼點，同爲純然無雜的一念。若以一念爲最少限度，則心土何以能淨？又憑什麼資格，得極樂和無量福德呢？又若以最少限度的一念，就能得無量福德，那末以多念應該得什麼福德？「乃至」二字，是由聞是章句，經觀照、生信、到一念生淨信的超略之詞。

此等衆生，一念與實相相應的淨信心，最初卽爲如來之所護念，如來安得不悉知悉見？

既爲如來知見，當亦得見如來。既見如來，福德何可思量？所以說「如來悉知悉見，是諸衆生，得如是無量福德。」

上文「於無量千萬佛所，種諸善根」，是持戒修福之因。本文「聞是章句」，是持戒修福之緣。「生淨信心，得無量福德」，是持戒修福之果。因緣果報，毫髮不爽。可見般若並非空談，漫講學術價值者，藉作空談資料耳。吾輩行人，應深以爲戒。

何以故？是諸衆生，無復我相，人相，衆生相，壽者相，無法相，亦無非法相。

何以故——是設問何以持戒修福的人，一聞般若章句，就能生淨信心，爲如來悉知悉見，得無量福德呢？是諸衆生——是指持戒修福的人而言。無復——是前曾著相，今已遣除不復再著。「無我相」乃至「亦無非法相」——是釋明其故。

衆生之所以爲衆生，病在著相，於一切法中，起善惡、凡聖等見，分別取捨，種種妄念。般若章句，盡都說的是遣相，相遣則衆生之病除，心常清淨，蕩蕩如虛空，乃能一念與如來相應，得無量福德。例如：「滅度無量無數無邊衆生，實無衆生得滅度者」，即是遣法相。「若菩薩有我相、人相、衆生相、壽者相、即非菩薩」，即是遣我相、人相、衆生相、壽者相。「菩薩於法，應無所住，行於布施」，卽是遣法相、非法相。

所以持戒修福的衆生，一聞如來以上所說的般若章句，卽依文字起觀照；迨觀照功深，理證三空，就不復再有我相、人相、衆生相、壽者相、法相、非法相的執著了。無我人等四相，爲人空；無法相，爲法空；無非法相，爲空空。此三空：卽一念生淨信故；如來悉知悉見故；得如是無量福德故。

何以故？是諸衆生：若心取相，則爲著我、人、衆生、壽者。若取法相，卽著我、人、衆生、壽者。何以故？若取非法相，卽著我、人、衆生、壽者。

上文雖以無相三空之理，說明生淨信心與得無量福德的原故。然！其理甚深，恐怕衆生聞者，可能還會發生如下的疑問：㈠上文說無相三空之理，固屬當然；然諸相宛在，畢竟怎樣的無，怎樣的空？㈡我人等四相，由分別而起，爲煩惱生死之本，所以不應有；然法相並非「人我」，尤爲行人之所依，何以也不應有呢？㈢卽令說法相，也不應有，那末無法相，豈非就是非法相嗎？何以又說：非法相，也不應有呢？

本文卽是假想衆生可能發生的這三項疑問，一一予以釋明。「何以故」——本文有兩個「何以故」：第一個是就一二兩項疑點所設問的口氣，第二個是就第三項疑點所設問的口氣。乍看，第二個「何以故」，好像是衍文，應當刪去，細審第三項疑問，是從第二項疑問裏產生的，必須再加一「何以故」，才能顯出。「是諸衆生」——是指持戒修福者而言。以下各句，是對各項問題的解釋：

㈠對第一項疑問的解釋：心本無相，亦無生滅，由於取著外境而有相，剎那分別而有生滅，是謂凡夫。所謂「自心取自心，非幻成幻法」。無論取任何外境，必先建立我相，如無我相，憑誰取境？然「我相」必有與「我相」相對的「人相」，才能建立，如無人相，對誰稱我？既有我人，必有因果，上溯因源，下窮果海，必有無量無邊的我人，是謂衆生。執取諸相，持續不斷，是謂壽者。據此可知相由心取，不取即無。所以說：若心取相，則爲著我、人、衆生、壽者。

㈡對第二項疑問的解釋：根據上項的解釋，無論取著任何境相，都要著我人等四相，所以任何境相，都不應取，法相亦不例外。所以說：若取法相，即著我、人、衆生、壽者。

㈢對第三項疑問的解釋：法相與非法相，看似相反；然無法相，並不等於非法相。何以故？因爲法相與非法相，都不能成爲自性的障碍；成自性的障碍者，惟是取著。若不取著，法相亦不障性；若一取著，非法相亦能障性。所以說：若取非法相，即著我，人、衆生、壽者。

是故不應取法，不應取非法。

本文是結束上文，更顯二邊不著的中道之義。「是故」——是由於上文所說：「若取法相，卽著我、人、衆生、壽者，若取非法相，卽著我、人、衆生、壽者」等句之故。「不應取法」——若取法，卽著於有邊，故不應取法。「不應取非法」——若取非法，卽著於空邊，故亦不應取非法。如此兩邊不著，是名中道。

不著有，是不要離有而取空。不著空，是不要離空而取有。應知空、有是從對待所立的假名，沒有各別獨立存在的自性。當我們離有取空時，應思沒有有，那裡會有空。當我們離空而取有時，應思沒有空，那裡會有有。不著有，則有卽是空；不著空，則空卽是有。如是：卽有卽空，卽空卽有，空有互融，旣無兩邊之可著，那有中道可立？

問：前說：「無法相，亦無非法相」。今說：「不應取法，不應取非法」。究竟法與非法，和法相與非法相，是異、是一呢？答：非異、非一、亦異、亦一。何以故？法如物體，相如物體的形色，物體與形色，顯然是異而非一。物體必有形色，形色是物體的表徵，物體與形色，又顯然是一而非異。法與法相，亦復如是。若從異的方面看，無法相與無非法相，只是無法與非法的相，並非無法與非法。若從一的方面看，法與非法，及其相等，取則同時俱有，不取則同時俱無，所以前說：「無法相，亦無非法相」，今說：「不應取法，不應取非法」，以示二者雖不一而亦不異，如能不取，則法與非法尚無，何況其相。

以是義故，如來常說，汝等比丘，知我說法，如筏喻者，法尚應捨，何況非法。

「以是義故」——是以上文所說：不應取法，不應取非法的義理之故。「筏喻」——是以橫渡河川，欲達彼岸所用的舟筏，來譬喻度生死迷津，達涅槃覺岸所用的佛法。生死未度，不可無法；無法則溺於生死。既達覺岸，即應捨法，不捨法則仍滯迷津。此是昔日如來對弟子們說法時，常用的譬喻，所以說：「如來常說：汝等比丘，知我說法，如筏喻者。」「法尚應捨」——是上承筏喻的解釋，下啓何況非法之句，並與上文「不應取法」之句相應。「何況非法」——是緊躡「法尚應捨」之句，更進一層的說：何況非法，而不應捨嗎？並與上文，不應取非法之句相應。上文說「不取」，是爲未取者，防患於未然，敎他不要取著。本文說「捨」，是兼爲已取者，拔除病根，敎他從速捨棄。

上文「不應取法」兩句，業已將前說無法相以下等文，作了結束，何以又畫蛇添足，引出常說的筏喻來呢？答：並非畫蛇添足，正是畫龍點睛，將常說的法，和今說的法，互相發揮，使光光相照，法法互融，以覺不覺。義約如下：㈠世尊常說的筏喻，似但顯捨法，不顯捨非法。恐弟子們懷疑，爲什麼從前祇說捨法，現在又說連非法也要捨呢？所以趁此機會，再度提出，以申明其義的說：以此不應取法、不應取非法之故，所以我常說的筏喻，雖但顯捨法；然法尙應捨，何況非法，不用說更應捨了。以示今說與常說，並無不合之點。㈡恐弟子們對上文所說「法與非法，都不應取」之義，疑法爲修行所依，何以要不取？旣要不取法，何以又要不取非法？所以引常說的筏喻，予以解釋的說：以是法與非法，都不應取之義故，汝等應知我常說的筏喻，是渡河須乘筏，到岸不用舟。佛法亦爾，生死未了，須依法了脫；旣悟涅槃，法亦無用，卽應捨去；法尙應捨，非法豈不更應捨嗎？若但捨法，不捨非法，直同無法一樣，又將何以得度？

常說的法喻，是敎於悟後捨法；今說的不取法，是敎於修行時卽不應取。看似有極大的矛盾，其實不然。何以故？涅槃第一義空中，本無一言可說，一念可起。因衆生迷此，妄見生滅諸相，執取不捨。故佛說生死、說涅槃、說不取法、不取非法，乃至無量法門，無非敎之以捨，轉迷入悟。悟則自佛當下卽是，頓覺語默雙忘，徧虛空界，盡成不動道場。卽無所謂生死，無所謂涅槃；更無所謂法與非法，取與不取；卽佛之名稱，亦成糟粕。可知佛法不外一捨，一捨便悟，修時卽是捨時，捨時卽是悟時。吾人修行，卽坐在但知悟後方捨，而不知一捨便悟之弊。所以不悟不捨，不捨不悟。間或有能捨者，不是捨法而不捨非法，就是捨非法而不捨法。不能一捨到底，雖生死而涅槃，雖涅槃而何妨生死；如天馬行空，所過之處，了無痕跡。所以佛教我們以此法與非法，同時俱捨爲修地因。可謂對症下藥，頓超之極。

第七分　舉果證因

讚詩

衆生無盡法無邊　說徧藏通與別圓
一任涅槃歸去客　乘鸞跨鶴各隨緣

概論

本分是因上分所說：「不應取法，不應取非法，」兩邊不著之理，雖曾以筏喻明，未度不可無，既度則當捨。猶恐聞者誤會：如來不可謂爲未度，何以尚在說法？說法分明就是取法，何以教我們不應取法呢？世尊爲測須菩提，是否能解釋此等誤會，乃舉如來極果以問之曰：「如來得阿耨多羅三藐三菩提耶？如來有所說法耶」？須菩提，果然能解佛所說義。其義云何？如來覺性！法爾本具，故無以名名；離言說相，故無法可說；今爲度一切衆生故，不得不假方便而有言說；又因衆生根器不等故，雖有言說而無定法；旣無定法，故不可取，亦不可謂爲有說。雖說而不定，故非法；雖不定而說，故非非法；此卽所謂兩邊不著的中道義。不但如來過去歷劫修如是因，現在菩提樹下證如是果；卽一切三乘賢聖，亦復如是修、如是證、如是根器不等，而有差別。何況我們衆生，而可捨此兩邊不著之道，別取法與非法嗎？

述要

須菩提！於意云何，如來得阿耨多羅三藐三菩提耶？如來有所說法耶？

「於意云何」之句，不但是質問之詞，亦頗有發人深省之義。佛意若謂：對我以上所說「不應取法，不應取非法」的兩邊不著之道，你的意思是怎麼樣呢？以謂如來得阿耨多羅三藐三菩提耶？如來有所說法耶？

「如來」是佛的法身，「阿耨多羅三藐三菩提」是證得法身的法，亦卽兩邊不著的無上妙道。佛以無上菩提之法，證得法身如來，不能說是無得。佛說無量法門，爲度一切衆生齊得無上菩提，而成如來，不能說是無說。然有得、有說、卽非兩邊不著；無得、無說、亦非兩邊不著；旣有得有說，與無得無說，都非兩邊不著；豈非得無所得，說無所說，方爲中道嗎？所以文中用兩個「耶」字，卽暗含此義。且「如來得阿耨多羅三藐三菩提耶？如來有所說法耶？」兩句，明明是說，「如來」是性德，性中豈有所得，有所說嗎？然是義甚深微妙，非長老不能體會，故須藉其所答，以開導衆生。

須菩提言：如我解佛所說義，無有定法，名阿耨多羅三藐三菩提。亦無有定法，如來可說。

「須菩提言」——是須菩提回答世尊所問的話。如來有所得、與無所得，有所說、與無所說，實非未證佛果的須菩提所能知；但從佛一往所說的法上去體會，亦可了解其義；旣依法了義，卽是依佛知見，必無差遲。所以說：「如我解佛所說義」。佛所說的法，爲對千差萬別之機，極盡方便變通之妙。如：對小乘說阿含；對大乘說方廣；對聲聞、緣覺、菩薩、三乘說四諦、十二因緣、六度等。那有一定的法，名阿耨多羅三藐三菩提呢？法尚沒有一定，何況「得」「說」而有一定嗎？如有一定的法可得、可說，就失去其方便變通之效用了，對小乘無以對大乘，乃至對聲緣無以對菩薩。所以說：「無有定法，名阿耨多羅三藐三菩提，亦無有定法，如來可說。」

「無有定法」——並非無法，不過有法而沒有一定罷了。有法而無一定，則「有」如幻，不可著；無一定而有法，則「空」如幻，亦不可著；所以須菩提以兩個「無有定法」，釋明佛問中兩「耶」字所暗含的：得無所得，說無所說的中道義。

須菩提在「如我解佛所說義」的句中稱佛；在「無有定法如來可說」的句中稱如來；頗具深意。卽是敎衆生依佛果爲修因，證得本具的法身如來；則心行路絕，言語道斷，那有什麼可得不可得，可說不可說呢？

何以故？如來所說法，皆不可取，不可說，非法，非非法。

本文是釋明：何以「無有定法，名阿耨多羅三藐三菩提，亦無有定法如來可說」之故。衆生因不了諸法空相，徧計所執；不是執有，便是執無；在大圓鏡上，密密層層的，布滿了「有」「無」的業障；業因業果，生死無盡。如來所說的無上菩提之法，無非爲衆生破執除障，了生脫死而方便假設，並非眞有此法，所以說「非法」。然不假此法，則無以破衆生之執，除衆生之障，所以說「非非法」。此法有而非有，可謂妙有；無而非無，可謂眞空。此妙有不有，眞空不空之理，非事物之有相，將何可取？非語言所能形容，將何可說？

無上菩提之法，皆源出於如來的大覺性海，是敎衆生歸性，而不是敎衆生取法；若徒取法，則法反障性，故不可取。大覺性海，但可會心，不可言說；凡有言說，都非實義，故不可說。

防人取法，故說非法；防人取非法，故說非非法。譬如：有人知道「阿耨多羅三藐三菩提」，翻為「無上正等正覺」。又懂得「無上」是無以為上；「正等」是無差別相；「正覺」是離於偏邪；又能講說，又能寫作，便沾沾自喜，以為已得無上妙法。殊不知，性空非有，此念才起，便非正等，亦非正覺，更非無上了。此即取法，故說「非法」以非之。有人誤解法不可取，亦不可說，等於無法；「阿耨多羅三藐三菩提」，亦是假設，學他做甚？殊不知，緣起非無，此念才起，便成斷滅而取非法，故說「非非法」以非之，是謂双非。

「取法」也不對，「取非法」也不對，真是難為學人，究竟怎麼樣才對呢？倓虛大師說：「你不怎麼樣，不就對啦嗎」可謂妙極。吾人除非一念不動，若一動念，即有所取；不是取法，便是取非法，那末！不動念，不是就無所取啦嗎？既無所取，有無不著，豈非無上正等正覺？古德云：「依解起行，行起解絕」。可作「非法，非非法」之最佳註脚。

所以者何？一切賢聖，皆以無為法而有差別。

「所以者何」——是問：上文所說「非法非非法」之所以然者為何？以下兩句是答：「一切賢聖」——望凡夫為果，望佛為因。「無為法」——是離因緣造作之法，斷我、法二執所顯的眞如法性。（道家所說的無爲是：無爲自化，順乎自然界現象的發展，而不予治理，使之自生自滅，所謂：『天下神器不可爲也，爲者敗之』。儒家所說的無爲是：以身作則，化治於無形，所謂：『無爲而治者，其舜也歟。夫何謂哉？恭己正南面而已矣』。兩家所說，只不過是政治理論而已，都與眞如法性無關。應知文字是載道之器，文字雖同，其所載的道，則迥別霄壤。所以言說章句，不可執取，若一執取，則彼「無爲」混我「無爲」矣。吾輩學人，應於此處特別戒愼。）

離造作故，無修無證，所謂：『非聲聞作；非緣覺作；非菩薩作；非如來作；亦非餘作』。因衆生不達無爲之理而有所造作，不是取法而著有，便是取非法而著空。所以經中言修證者：無非以「非法」空其所著之有；以「非非法」，空其所著之空；有空俱空，則無爲自證。是以無爲法、修無爲行、證無爲果。法亦無爲、修亦無爲、證亦無爲，試問有何可取？有何可說？是法平等，本無差別，惟因學人根機不齊，悟有淺深，方便設施，而有差別。淺者爲賢（如地前之住、行、向等位）。深者爲聖（如初地至等覺）。所以說：「一切賢聖，皆以無爲法而有差別」。

這好像反攻大陸，有：陸軍、海軍、空軍、後勤等部，兵種雖有差別，其所負的任務，與最終目的，則同爲光復河山，解民倒懸。又如：置方圓等器於虛空，而成方空、圓空，方圓雖有差別，其爲空則一也。明乎此，則知法惟一乘，無二無三，不致以己之所見爲是，人之所見爲非，大家騎驢乘馬，各奔長安，修禪、修淨，齊證「無爲」。

第八分 福德校勝

讚詩

布施琳琅滿大千　難當四句作心傳
人天福德非無漏　爭似菩提勝妙緣

概論

本分是將前此所說的眞空無相（遣相、遣法相、遣非法相）之理，作一總結。復依其淺深次第，指出要點，構成習題；俾學人對此法乳，知所回味，而勤修觀照。先以大千世界七寶布施，與持說此經乃至四句偈等相較，顯法施福德的勝妙，遠非財施之所能及。使學人勿忘六度萬行，以布施爲要，而布施尤以法施爲最。因七寶雖多，終歸生滅，有相福德，不出人天；四句經文，直悟菩提，無相福德，不可思量之故。次以法施所以能獲勝妙福德者：乃因一切諸佛，及諸佛法，皆從此經出故。所以特讚此經駕乎一切經之上。使學人勿忘此經，乃至四句偈等，爲無上妙法；須解行並重，不可等閒看過。再以佛法非佛法，明般若雖能出生佛法，爲諸佛之母，然般若並非佛法，不過道不可名，强名爲佛法而已。使學人勿忘不可執著言說章句，以爲實有而取法；亦不可以法無可取，妄生斷見而取非法。本經每告一段落，必有一次較勝，一次比一次的工夫加深，一次比一次的福德增勝，此爲第一次。

述　要

須菩提！於意云何？若人滿三千大千世界七寶，以用布施，是人所得福德，寧爲多不？

或曰：經中處處說遣相，又處處說福德，豈非矛盾？答：非也。本經上來卽以滅度一切衆生，建立諸佛菩薩的大悲心；以布施福德，建立自他兩利的因果法；昭昭然，高揭法幢，以示大乘佛法的基本精神。故於法會進程至某一階段時，必提出作一總校，以勵行者。一切衆生，根器不齊，悉當滅度，所以說法不一，歸元無二。先擧有相寶施福德之多，意在引出無相法施福德之勝。旣說無相，又說福德；可知福德非福德，是名福德。不過假福德言說的方便，以遣福德之相而已。如不假福德言說方便，則衆生將疑修行無益，撥無因果矣。吾輩學人，何必執此言說章句，錯會福德卽是著相呢？四攝法中，以布施攝爲第一，衆生宜財施者，施之以財；宜法施者，施之以法。目的在攝取衆生，同登覺路。如不兼修福慧，將何以攝取衆生，以發揚大乘佛法的基本精神呢？此又可知本經所說的福德，是出自大悲心，爲行菩薩道時，通權達變的必要條件，而不是教人但求人天福報，就算了道。

「若」是假設之詞，並非眞有其人其事。「世」是過去未來現在的時間。「界」是東西南北四維上下的空間。在此時空中，物物相間，各各有界，故稱世界，亦稱世間。「三千大千」是以須彌山爲中心，周圍有七香水海，七金山；此外又有鹹水海，大鐵圍山；更外有四大洲：南爲閻浮提；東爲佛婆提；西爲瞿耶提；北爲鬱單越；名曰四天下。山上分四方，每方分八所，中間一所，共三十三所，名曰三十三天；卽梵語所謂之忉利天。日月運行於須彌山之腰，周圍上下，悉歸所照，爲一小世界；合一千個小世界，爲一小千世界；合一千個小千世界，爲一中千世界；合一千個中千世界，爲一大千世界；因三次說三千，故稱三千大千，實則祇一大千而已。按近代天文學家所發明：太陽是一個不動的恆星，有無數行星，爲其所吸引，繞之而行，成一系統，名太陽系。似應以一太陽系，爲一小世界。但天文學家之所見，是以科學知識的卜度而得，科學尚在不斷進步，未達止境，其所見，當非定論，不可持此妄見，對佛所親證的事實輕啓疑竇。

七寶不能算是不貴；三千大千世界，不能算是不大；滿三千大千世界七寶，不能算是不多。倘若有人，用這末多的財寶，以行布施，他所得的福德，可算多不？佛以此有相財施的福德，問須菩提多不？意在引出無相法施的福德，較此更多。言雖在此，而意實在彼。請看以下須菩提如何作答。

須菩提言：甚多！世尊，何以故？是福德，卽非福德性，是故如來說福德多。

若以滿三千大千世界七寶的有相布施而論，其所得的福德，當然很多！然以解空第一的須菩薩提觀之，則了無所得。爲順從佛旨，將欲會相歸性；故先言甚多，然後再說明其「甚多」之所以然是：「是福德卽非福德性，是故如來說福德多」。這兩句話的解釋是：這種福德，畢竟不是性中的福德，而是相上的福德。因爲性體空寂，彌滿十虛，旣無福德可名，那有多寡可說？相上的福德雖多，但可以度量權衡，意識測知，報在人天，業屬有漏。所以如來說福德多，是從相上說的。

須菩提雖答言「甚多」，復釋其爲「非福德性」。亦是言在此，而意在彼。財施法施，同屬施門；同爲度化衆生不可或缺之法；亦同爲經中之重要課題。所以先言財施的福德甚多，又言其非福德性者：並非抑此而揚彼，獨推重法施，而低估財施。是令衆生不住於布施福德之相，而會歸於性耳。

若復有人，於此經中，受持乃至四句偈等，爲他人說，其福勝彼。

此段是佛說的話。「若復有人」——是設若再有其人。「於此經中」——是在此金剛般若經裏。信解經中的義理，叫做「受」；行之不懈，叫做「持」。簡而言之，「受持」即是解行。最好能全部受持，如力有未逮，或多分受持，或少分受持，最少也受持四句偈。「爲他人說」——不但自己受持，更要給他人講說。「他人」是泛指衆生，非止一人。使衆生同登覺路，入解脫門，證自性佛。這種福德，於時無盡，於量無限，較彼七寶布施的福德，眞有無窮之勝！

受持四句偈，便能出纏解縛，入如來地，可見此偈雖祇四句，已將全部金剛般若的精華，攝盡無餘了。然此四句：在本經何處？其文云何？自古大德高賢，或指「色聲香味」；或指「眼耳鼻舌」；或指「見諸相非相，則見如來」。人言言殊，迄無定論。因此有人說：「天親菩薩，昇兜率宮，請益彌勒，如何是四句偈？彌勒云：『無我相，無人相、無衆生相、無壽者相。』」較爲確當」。又有人說：「本經明明有爾時世尊而說偈曰：『若以色見我，以音聲求我，是人行邪道，不能見如來』。此外並無第二個四句，名之曰「偈」。何必指此指彼，製造千古疑案，貽害後學呢？」

當知四句偈，不在本經，亦不離本經。經中任何四句，皆可爲偈，皆不定爲偈。唯適應機宜，隨說四句，方可爲偈耳。若定以某四句爲偈，豈非執著文字法相，死在句下嗎？如此執著，怎麼還能爲他人說呢？彌勒也並非刻指無我人等四相爲偈，而是指示說偈的要領，只要不違背無我人等四相的原則，隨說四句，無不是偈。所以世尊說無量法，總是隨說隨遣，而以「無法可說」、「佛法非佛法」等，破衆生此執。

何以故？須菩提，一切諸佛，及諸佛阿耨多羅三藐三菩提法，皆從此經出。

本文是設問：爲什麼，受持此經乃至四句偈等，爲他人說，其福德，就會勝過三千大千世界七寶的布施呢？答：因爲一切諸佛，及諸佛阿耨多羅三藐三菩提法，皆從此經出之故。「一切諸佛」，包括十方三世恆河沙數諸佛。「阿耨多羅三藐三菩提」，是諸佛的無上覺性。般若爲諸佛母，本經又爲般若的總要，所以說：一切諸佛，及諸佛證得的無上覺性之法，都是出自此經的。三千大千世界七寶布施，最大的果報，不過做大梵天王，仍屬生滅因緣，凡夫境界。若受持此經爲他人說，則可超凡入聖，見性成佛，不生不滅，萬古常今，所以其福勝彼。

然所謂受持者，並不是日課數遍而已。應知佛從此經出，此經從何而出？須向此經出處，討個消息。須菩提說七寶布施的福德，非福德性；佛說受持此經，爲他人說，其福勝彼；可知此經是從佛性中出；不然，則其福何能勝彼？佛性爲衆生所本具，非從外得，須依經義，返觀內照，方得謂之受持。觀照功深，達於實相，則所謂如來者，即我便是。

須菩提！所謂佛法者，即非佛法。

佛法是佛所說的成佛之法。即上文所說的「阿耨多羅三藐三菩提法」。衆生領納佛法，不外見聞二種：或聞自音聲；或見諸經典；聞自音聲者，謂言說相；見諸經典者，謂文字相；望文解義者，謂之法相，即有成佛之念，亦是人我相。佛法教人不應著相，若一著相即非佛法。必須見如不見，聞如不聞；更勿望文解義，囫圇吞棗，即成佛之念，亦應打消。故佛爲防衆生不知上文所說：「一切諸佛，及諸佛阿耨多羅三藐三菩提法」等句，是言說文字，並非實法，而有所取著。乃呼須菩提而告之曰：「所謂佛法者，即非佛法」。

第九分　離所得相

讚詩

爇盡爐香灰亦飛　涅槃證到無餘依
更從何處見人我　誰去誰來誰不歸

概論

本分是佛恐小乘人，不了法空，執有實法，對前來所說的：「一切賢聖，皆以無爲法而有差別、不取法、不取非法、佛法非佛法」等義，多生疑障。須菩提已證小乘極果，人中稱爲第一，故先後列舉：須陀洹（預流）、斯陀含（一來）、阿那含（不還）、阿羅漢等四果，以問須菩提：有沒有能得果之念？令其說出自己親證的實例，以釋衆疑，而開導有學。須菩提通統答以「不也」二字，並辨明因爲所謂果者，是假名而實無之故。又別於初果答：「無所入」。二果答：「無往來」。三果答：「實無來」。四果答：「無有法」。儼然是有等級。果有四級而問答一致，即是：「一切賢聖，皆以無爲法而有差別」。是名而實無，即是：「佛法非佛法」。沒有能得與所得，即是：「不取法」，無得是得，得所無得，即是：「

不取非法」。最後歸結於若有能得之念，卽著我、人、衆生、壽者；總明不著有得果之相的所以然。

須菩提！於意云何？須陀洹能作是念，我得須陀洹果不？須菩提言：不也，世尊。何以故？須陀洹名爲入流，而無所入，不入色聲香味觸法，是名須陀洹。

述　要

此佛先擧初果以問須菩提說：須陀洹人，能作我得須陀洹果的念不？須菩提答以「不也」二字。復辨明其所答的理由是：因爲須陀洹是假名而實無之故。二果以下皆例此。

須陀洹——是梵語，譯爲「入流」或「逆流」。是小乘初果，大涅槃經謂之預流果。此果爲知苦、斷集、慕滅、修道、斷盡三界見惑八十八使所證得。八十八使爲：貪、瞋、癡、慢、疑、身、邊、邪、見取、戒取、等十使，因迷於苦、集、滅、道四諦之眞理，以不正確的妄見，分別計度不正確的道理，而起於三界的差別所構成。玆表解如下：

見惑

三界	所迷諦理	所起惑使	差別	統計
欲界	苦	貪瞋癡慢疑身邊邪取戒	十	八十八
	集	貪瞋癡慢疑邪取	七	
	滅	仝上	七	
	道	貪瞋癡慢疑邪取戒	八	
色界	苦	貪癡慢疑身邊邪取戒	九	
	集	貪癡慢疑邪取	六	
	滅	仝上	六	
	道	貪癡慢疑邪取戒	七	
無色界	苦	仝色界	九	
	集		六	
	滅		六	
	道		七	

此惑因係對境分別而起，故較思惑爲易斷。斷此惑竟，卽背逆生死之凡流，而預入聖流

，將順此聖流，匯歸於不生不滅之涅槃性海，無以爲名，假名曰「入流」，所以說：「須陀洹，名爲入流」。已斷惑使，證了諦理的人，雖入聖流，而不執此假名，妄起能入所入之念，所以說：「無所入」。如有能入與所入之念，卽是入了六塵境界，著了得果之相，那就不得名爲須陀洹了。因爲眼、耳、鼻、舌、身、意等六根，和色、聲、香、味、觸、法等六塵，爲內外六入，二者互相涉入，而生妄識。如：眼根和色塵相涉而生眼識，分別諸色；乃至意根和法塵相涉而生意識，分別諸法；如此分別計度，則惑業果三，相續生起，不知不覺，被八十八使所驅策，沉淪漂泊於三界生死之流，而爲預入聖流之障碍。所以說：「不入色聲香味觸法，是名須陀洹」。

須菩提！於意云何，斯陀含能作是念，我得斯陀含果不？須菩提言：不也，世尊。何以故？斯陀含名一往來，而實無往來，是名斯陀含。

梵語斯陀含，此譯一往來，爲小乘二果，大涅槃經謂之一來果。此果爲證初果後，進而更斷思惑欲界九品之前六品所證得。思惑爲以貪、瞋、癡、慢等迷情，思慮世間事物所起之妄惑。於三界九地，各分上上、上中、上下，乃至下上、下中、下下等九品，共八十一品所構成。玆表解如下：

思惑

界	地	惑	品	品目	斷
欲界	五趣雜居地	貪瞋癡慢	九品	上上、上中、上下、中上、中中、中下	二果斯陀含斷
				下上、下中、下下	三果阿那含斷
色界	離生喜樂地	貪癡慢	七十二品	各地仝右	四果阿羅漢斷
	定生喜樂地				
	離喜妙樂地				
	捨念清淨地				
無色界	空無邊處地				
	識無邊處地				
	無所有處地				
	非想非非想處地				

此惑因係與生俱來，故較見惑爲難斷。斯陀含人，斷欲界九品之前六品竟，尚餘後三品，須再一往天上，一來人間，始能斷除，所以名爲「一往來」。然此往來，不過是色身一生一滅而已。究其實，性空無相，豈有往來可見，所以證了「斯陀含果」的人，心中並無往來之念。若有往來之念，即是著了得果之相，仍是分別情識，凡夫境界。如此則初果尚不可得，何況二果？所以說：「實無往來，是名斯陀含」。

須菩提！於意云何？阿那含能作是念，我得阿那含果不？須菩提言：不也，世尊。何以故？阿那含名爲不來，而實無來，是故名阿那含。

梵語阿那含，此譯不來，是小乘三果，大涅槃經謂之不來果。此果爲證二果後，進而更斷欲界思惑之後三品盡，不來欲界受生，所以名爲「不來」。然證了「阿那含果」的人，心境雙忘，無我我所，來念尚無，何況不來。若有來與不來之念，就不能不來了。因爲一著得果之念，即仍被欲心和欲境所牽涉之故。如此則二果初果，尚不可得，何況三果。所以說：「名爲不來，而實無來，是故名阿那含」。

須菩提！於意云何？阿羅漢能作是念，我得阿羅漢道不？須菩提言：不也，世尊。何以故？實無有法，名阿羅漢。世尊，若阿羅漢作是念，我得阿羅漢道，即爲著我，人、衆生、壽者

梵語阿羅漢，此譯有三義：㈠殺賊：殺盡煩惱賊。㈡應供：當受人天供養。㈢無生：永入涅槃，不再受生死果報。爲小乘四果。此果爲證三果後，進而更斷色無色界思惑七十二品盡，得證無生法忍，所作已辦，生死已了，於菩薩道階，舉足可登。所以前三果，俱名爲果。此果獨稱爲道。

初自須陀洹果，終至阿羅漢道，皆以修無爲法而證得。法名無爲，可知「實無有法」。尙無得道之法，那有所得之道？可知「名阿羅漢」，而實無所謂之阿羅漢。道名無生，當亦無滅，生滅尙無，云何有念？若有得道之念，則是生滅未滅，我人諸相，勢必相因而生，依舊凡夫，何得名爲「無生」？所以說：「若阿羅漢作是念，我得阿羅漢道，卽爲著我、人、衆生、壽者。」

世尊！佛說我得無諍三昧，人中最爲第一，是第一離欲阿羅漢，我不作是念，我是離欲阿羅漢。

無勝負心，無人我見，名爲無諍。心無生滅，安住不動，名爲三昧，譯爲正定。世俗之流，多以三昧爲一切事之極致者，非也。凡夫爲貪等惑使所驅遣，於人我之間，利害攸關，是非衝突，不能無諍。阿羅漢已證無生法忍，斷三界煩惱，離諸愛欲，無人我見，故能與世無諍。但未得無諍三昧，只合在人中稱為第一。惟須菩提得無諍三昧，安住於空理而不動念，不僅在人中稱為第一，更於阿羅漢中稱為第一。涅槃經云：「須菩提住虛空地，若有人嫌我立者，我當終日端坐不起；嫌我坐者，我當終日立不移處」。即此數語，可為須菩提所得無諍三昧的眞實寫照。

須菩提得無諍三昧，佛曾予以印證，並不斷當衆稱讚他在聲聞衆中最為第一，所以說：「佛說我得無諍三昧，人中最為第一，是第一離欲阿羅漢。」雖為佛所印證與稱讚，然須菩提心住空定，不作入此三昧之念，所以說：「我不作是念，我是離欲阿羅漢」。以「佛說」二字，引出「我不作是念」之句。倘易「佛說」為「我說」，則分明是有念，怎能說不作是念呢？復以「佛說」二字，確定我得無諍三昧，為眞實不虛。倘易「佛說」為「他說」，安知非他人之虛委讚我。以「我不作是念」之句，為無諍三昧等句作註解，使衆生咸知無諍三昧，即是無作無念，惟能無作無念，才是第一的離欲阿羅漢哩。此說法之善巧，不可不加意玩索。

世尊！我若作是念，我得阿羅漢道，世尊則不說須菩提是樂阿蘭那行者。

上文說：「我不作是念」，是正說；此說：「我若作是念」，是反說；反正都是說須菩提的「離所得相」，不過以反正互顯而已。「阿蘭那」——譯為無諍，或寂靜。心常空寂，無時不靜；四相皆無，無處不靜；寂靜則無諍。以三昧力故，超出時空，則隨時隨地，皆是無諍。滅諸煩惱，謂之樂；不住於相，謂之行；如是樂行，謂之「樂阿蘭那行」。須菩提意謂：我若作「我得阿羅漢道」之念，卽是煩惱未斷，住於有相，這樣，世尊就不說我須菩提，是「樂阿蘭那行者」了。

上文說「無諍三昧」，是於定中無諍；此言「阿蘭那行」，是於行上無諍；以明定也無諍，行也無諍；定非不行，行非不定；阿蘭那行，卽是無諍三昧。使衆生知此三昧，迥非不達無相之理，坐則定，不坐則不定的參禪者，所可比擬。

以須菩提實無所行，而名須菩提，是樂阿蘭那行。

本文是從上文「世尊則不說」句，貫徹下來。細玩語氣，便知仍是須菩提假世尊所說，否則，文義就不相屬了。

前於初果言「無所入」；二果言「實無往來」；三果言「實無來」；四果言「實無有法」；是別明各果之因行。此言「實無所行」，是極顯無諍三昧之因行。由因行而望果位，始知因果不相違逆。「實無所行」——就是行其所無事。在因地於相上觀之，似有所行。然行者，深達性空無相之理，不著有行念，雖行而實無所行。世尊正以須菩提修此「實無所行」之行，方稱須菩提是「樂阿蘭那行」。倘非修此「實無所行」之行，則如楞嚴經所說：「錯亂修因，猶如煮沙，欲成嘉饌，縱經塵劫，終不能得」，如何能得無諍三昧，稱阿蘭那行呢？

第十分　莊嚴佛土

讚詩

眞空妙有兩無嫌　那怕須彌礙眼瞻
縱對莊嚴佛淨土　何曾見得是莊嚴

概論

衆生徧計所執，著相迷性，雖發無上菩提心，亦不能常住不退；要想菩提心常住，非破除其計著，使之卽相見性不可。故佛於當機啓請「住、降」之後，歷舉我人四相，乃至小乘法果，概予破除。然猶恐衆生，習染旣深，積重難返，依然於平等法界，見有差別。以謂：

小乘固然法無所得，相不可著；可是大乘法果，必然異於小乘而有法所得，有相可著；否則諸佛菩薩，如何能成大覺？本分卽世尊爲破此疑，復對當機擧出兩問：㊀如來昔在然燈佛所，於法有所得不？㊁菩薩莊嚴佛土不？須菩提對第一問，答以：「實無所得」。意謂：如來昔在然燈佛所，不過是假法修悟，豈有所得？是明法無所得。對第二問，答以：「卽非莊嚴，是名莊嚴」。意謂：心淨然後土淨，故修一切善法，莊嚴淨土，不過名爲莊嚴而已，實則心土非相，並無所謂莊嚴。是明相不可著。觀此兩番問答，幾與上分對小乘四果的問答，如出一轍。可知佛設此問，意在表明是法平等，不分大小，皆無法可得，無相可住。故又呼須菩提說：「諸菩薩摩訶薩，應如是生清淨心」。清淨心中，不容住有纖毫塵相，一有所住，便不清淨，故以「不應住色等六塵」爲誡，以「應無所住而生其心」爲勸。又爲闡發奧微，使衆生更易明了起見，乃以「有人身如須彌山王」爲喩。證知凡發大心，證大果的人，無論於因地果位、法與非法、相與非相，皆應無所住、無所得。如是一心清淨，卽入菩提三昧。

述要

佛告須菩提：於意云何，如來昔在然燈佛所，於法有所得不？世尊！如來在然燈佛所，於法

實無所得。

「然燈佛」——梵名「提洹」，譯曰「然燈」。因其生時身邊明如燈光，故名然燈太子，迨後作佛，仍名然燈佛。爲世尊授記本師。世尊往昔在因行爲七地菩薩，居滿第二阿僧祇劫之際，遇佛聞法，圓證無生法忍而登八地，進入第三阿僧祇劫的修行階段。彼時佛以世尊證「無生法」故，乃爲之授記曰：「汝於來世，當得作佛，號釋迦牟尼」。

以二乘之見，世尊昔在然燈佛所，不可能無法所得，若無法所得，然燈佛何以斷然爲之授記？此種法執，足以覆其所知之理，而爲菩提之障。世尊爲破彼執，使之趣向大乘，故設問曰：「如來昔在然燈佛所，於法有所得不？」

於法的「法」字，諸疏皆指然燈授記語，惟蕅益大師指爲「無生法忍」。江居士除力排諸疏，獨是蕅益外，並云：「或指在然燈佛所，所聞的法言亦可」，頗具法眼。惟指諸疏之誤，是泥於彌勒頌中：「佛於然燈語，不取理實智」的「語」字，（其理由爲：頌中的「語」字，並非尅指授記話言，乃指然燈所說的法言）似不盡然。何以故？按「汝於來世，當得作佛」，是然燈授記語，然作佛必須具足權實二智。實爲不動的理體，權爲萬變的妙用，若但取實智，則是滯於沉空趣寂的二乘境界，不能入世度人，將何以作佛？所以說：「佛於然燈語，不取理實智」。如此說來，頌中的「語」字，也不能謂非指授記語而言。況一切諸佛，語默動靜，如世尊之著衣持缽，乃至敷座而坐，無非是法，然燈授記語，應不例外。此諸疏指「法」字爲授記語所根據的理由，並無泥古之嫌。不過指授記語言，不如指無生法忍，和所聞之法言，顯而易知罷了。然亦不可偏廢諸疏，負諸先德。今採並重方式，分解如下：

㊀按授記語的問意是：如來昔在然燈佛所，聞佛授記：「來世當得作佛」之時，心中有當得作佛之念，而取於實智不？㊁按無生法忍言的問意是：如來在然燈佛所，證無生法忍之時，心中有得無生法之念不？㊂按聞法言的問意是：如來在然燈佛所，聞佛說法之時，心中曾著有所聞的法相不？世尊何以出言便說如來呢？乃爲啓發當機，於問中暗示答意之故。云何暗示答意？「如來」是約性言，性體空寂，無以名法，法名尚且沒有，當亦無法所得。長老果然穎悟，作肯定的囘答說：「世尊！如來在然燈佛所，於法實無所得」。出言亦稱如來，答意亦爲無得。

㊀按授記語的答意是：「佛」是具足權實二智之覺者的假名，實在並無所謂之佛。「授記語」也是假言說相，並沒有個眞佛，像一件東西似的，互相授受。若有當得作佛之念，即是著於有相；若但取實智，即是著於空相；如此著有著空，不了中道，何能作佛？今然燈旣

為授記：「當得作佛」，證明如來彼時於有空諸相，已無所住，無所得了。㈡按無生法忍言的答意是：「無生法」——為眞如實相，雖微細生滅，亦不可得。若得此法，不作動念，不起業行，名「無生法忍」。若心中略作所得之念，則是生滅未滅，不得名為無生。所以如來雖得無生法忍，而實無所得。㈢按聞法言的答意是：聞法是因，證法是果。所證的法是無生，所聞的法，當然也是無生。當聞法時，若有我今得聞「無生法」之念，則是著於法相，而未得法性，不能得證無生法忍。所以如來雖得聞「無生法」，而實無所得。

須菩提！於意云何，菩薩莊嚴佛土不？不也！世尊，何以故？莊嚴佛土者，則非莊嚴，是名莊嚴。

莊嚴——以福慧嚴飾依身國土，叫做莊嚴。五濁惡世，亦有所謂之莊嚴者。如：布施、供養、修廟、造塔等，皆是凡夫的著相莊嚴。佛土的莊嚴，乃菩薩修行功德的性妙莊嚴。如彌陀淨土，依正二報之二十九種莊嚴，皆是阿彌陀佛，行菩薩道時的願力所成就。所以說：「菩薩莊嚴佛土」。據此，佛土為菩薩所莊嚴，是毫無問題的事了，那末！世尊何必多此「菩薩莊嚴佛土不」的一問呢？須知世尊此問：意在發揮菩薩的妙性莊嚴，迥別於凡夫的著相莊嚴，以試當機是否領會。長老豈有不領會之理，不過假其答辯，為發無上菩提心的衆生，開闡妙諦而已。

「不也」二字，是先給衆生一醒頭腦，使知菩薩的莊嚴佛土非同凡想。「何以故」是當機自問。以下是自答：菩薩所以能够莊嚴佛土者，以其心性空寂，清淨本然，雖以修行功德，莊嚴佛土，而不著有修行莊嚴之相。如維摩經云：「隨其心淨，則佛土淨」，性非造作，豈有所謂莊嚴？所以說：「則非莊嚴」。雖不著莊嚴之相，然以菩薩之妙行功德，所莊嚴的清淨佛土，儼然非無。所以說：「是名莊嚴」。「則非莊嚴」是言其理。「是名莊嚴」是言其事。卽理卽事，「則非」下必有「是名」，是謂眞空。卽事卽理，「是名」上必有「則非」，是謂妙有。事理融通，性相不二，眞空不碍妙有，妙有何妨眞空。

凡今否定淨土，妄斥念佛觀想爲著相之人，皆因不達此理之故。應知：持名以淸口業；觀想以淸意業；日以念佛觀想爲事，以淸身業；三業淸淨，卽是「則非莊嚴」。接引往生，佛土現前，卽是「是名嚴莊」。心現淨土，卽理卽事；土由心現，卽事卽理；心土冥合，是眞莊嚴。所以唯識論說：「大圓鏡智，能現能生身土智影」。若否定淨土，不行莊嚴之道，則成斷滅，與「則非」之道相違。若以淨土是土，與心無涉，卽著有相，與「是名」之道相違。所以肇法師云：「若染斷常，卽非淨土」。此又世尊所以有此一問的更深意義。

是故須菩提，諸菩薩摩訶薩，應如是生清淨心。不應住色生心，不應住聲、香、味、觸、法、生心，應無所住而生其心。

「是故」二字是總承上說以開拓下文。就是用以下寥寥數語，把前來所說的諸法義趣，攝入而申明之。所以本章文句，與前來所說，處處相應。「諸菩薩摩訶薩」，就是最初須菩提所問應云何住，云何降伏其心的「善男子，善女人」，及世尊所答應如是降伏其心的「諸菩薩摩訶薩」。「應如是」以下，即前來所說諸法義趣的歸結。何以知之？因爲前來所說：自初發心度無量衆生，於我人四相，即應不住。次言行布施，於一切法，亦應不住。乃至小乘所得四果無住，大乘莊嚴佛土無住。如是等法，無非爲本文「生清淨心」等句而敷演，是以知之。

「如是」二字貫通上下文，上指諸法的敷演，下指諸法的歸結。因爲所敷演的是無生，所歸結的也是無住之故。「應」字，是肯定而推重之詞。就是說：自發心，至證果，無論大小二乘，都應當如是無住生淸淨心。言下大有非無住不能生淸淨心，非生淸淨心不可之勢。可見上徹因源，下眩果海，一切佛法，都被此「應如是生清淨心」一句，囊括殆盡了。至於以下「不應住色生心」，乃至「應無所住而生其心」等句，也無非在此「如是」二字所指之下，爲「生清淨心」作反正註脚而已。何謂反正註脚？就是以兩不應句，遮遣其非，一應句，表顯其是，亦卽所謂之「遮詮」與「表詮」。

「清淨心」卽菩提心，圓覺經謂之「清淨覺海」。所以「生清淨心」，卽開經處所謂的「發阿耨多羅三藐三菩提心」。然此處不說發菩提心，而說生清淨心者，二說是一是異？答：不一不異。前說是以一發心，卽望證無上正等覺之大果爲當然。此說是從修因，卽應徹見湛然本具的自性清淨心爲所以然。此前後二說之所以不一。衆生自無始來，因一念不覺，鑄成生死重罪，今爲了生脫死，發此不覺之覺的菩提心，固屬當然。然自性淸淨心，本非不覺，因被煩惱塵濁所染，著相障性，故而不覺。今欲發覺，必須於入手修行時，卽在滌蕩煩惱塵染，離相見性上，痛下工夫，使本來具足的自性清淨心，朗然現前，卽是發菩提心。此前後二說之所以不異。此不一不異的中道義，已耀然般若的文字表皮，何況觀照其實相。

起信論義記云：「自性清淨心，名如來藏」。足證欲見如來，必須生清淨心；欲生清淨心，必須知如來藏處；如不知如來藏處，試問濛鴻蒼茫，將向何處去見如來？所以佛在前第五分裡，早就告訴我們：如來藏在諸相裏面，若見諸相非相，卽見如來。然諸相森羅，都被六塵所攝；塵境逼眞，非之必以其道；其道云何？「無住」而已。若一有住，則所生的心，盡是煩惱染汚，雖知如來藏處，亦不能得見如來。所以說：「不應住色生心，不應住聲香味觸法生心」。凡經中一提到六塵，便先擧色塵，以示特殊者，因爲他是有質碍而又能示現的東西，在六塵中，最富於吸引力，易爲衆生所住著，所以要把他特殊化起來，令人提高警覺。倘能放過容易住著的色塵而不住著，其餘就不成問題了。此卽以兩不應句，爲「應如是生清淨心」所作的反註脚。亦卽所謂的遮詮。

惟於六塵境相，一無所住，才能生淸淨心。更進一層，卽此淸淨心，亦無所住。若住於淸淨，雖非塵勞中的凡夫，也是灰心滅智，坐在無爲坑裡的二乘。凡夫住於塵相，起惑造業，輪廻生死，固屬不應。然二乘住於淸淨，只顧了自己的生死，對衆生生死，却如隔岸觀火，不敢去救，亦爲菩薩所不許。所以說：「應無所住而生其心」。應無所住——卽前來所說：「不應取法」，乃至「卽非莊嚴」。生其心——卽前來所說：「不應取非法」，乃至「是名莊嚴」。皆菩薩之所應爲。此卽以一應句，爲「如是生淸淨心」所作的正註脚，亦卽所謂的表詮。

不應住——是有相而不應住。無所住——是根本無相可住。由淺入深，次第井然。有相而不應住，前已言之，勿庸再說。根本無相可住，尚有未盡之意，應予闡述如下：一切諸法，皆是虛妄，其相緣生，其性本空。如四大五蘊，都無特立生存的實體。所謂「非有而有，有卽非有」。非有故無生，無生故無滅，唯心所造，心外無法。凡夫不達此理，心隨法轉，六根不能不緣六塵，意識和末那，不能不起分別計執的作用，乃以緣聚爲生，緣散爲滅。自己復隨其生滅而生滅，流轉三界而不覺。菩薩以智慧光明，觀一心自性清淨，照見五蘊皆空，根本無相可住，無煩惱可斷，無生死可了，亦無何者清淨，何者不清淨的分別。所謂「一眞法界」，平等平等。故能廣行六度，莊嚴佛土，卽非莊嚴，是名莊嚴。今舉菩薩摩訶薩，應如是生清淨心者：卽是爲學人作榜樣，教我們一入手，就如是修，如是證，不可閉目兀坐在黑山鬼窟裡討生活。

須菩提！譬如有人，身如須彌山王，於意云何，是身爲大不？須菩提言：甚大，世尊！何以故？佛說非身，是名大身。

「譬如」——是比喻。既是比喻，則其所學之事，未必眞有。不過藉此以證前說，令人更易明白而已。「須彌山」——是山之最大者，爲一小千世界的中心，所以稱爲山王。人身豈有如是之大的道理，只是一個假設的比喻罷了。所以說「譬如有人身如須彌山王」。「有人」是指發大心證大果的人。「須彌山」以喻勝妙身相之大。然此勝妙身相，乃多劫修「無住相」行所得的果報，故此身相雖大，却不可住。若住此勝妙果報之相，那就不是無所住而生其心了。何況「有形終不大，無相乃爲眞」呢？此世尊所以問須菩提「是身爲大不」的用意所在。長老開口便答「甚大」——並非住此大身之相，而是先堵塞空門，以明發大心，修大行的人，確能得此大身的果報，穩住衆生的心，不使對修行，感到失望。然後再申明其故，以堵塞有門，逼其不得不走入中間一個生清淨心的解脫門裡。

「佛說非身，是名大身」，就是申明大身之故。有二義：㈠約相言：佛所說的大身，是指報身而言。然報身雖大，畢竟還是有形可見的生滅妄相，性中非有，故曰非身；相上不無，故曰是名。非身則不住有，是名則不住無；有無不住，自然生淸淨心。㈡約性言：佛所說的大身，是指淸淨法身而言。然法身無相，包太虛，含沙界，不落諸數，豈可以大小論之？不墮諸有，豈可以身相等觀？故曰非身。然正因爲不落諸數强名爲大，不墮諸有强名爲身，故曰是名。非身則不住法相，是名則不住非法相。法與非法，一切不住，淸淨心自然現前。

第十一分　校德尊經

讚詩

任憑財施愈恒沙　遠比持經福德差
七寶都隨異滅盡　菩提獨放無生華

概論

第一次校德，是在第八分裡，本分是第二次了。以下尚有六次，一次比一次所用的布施愈重，所顯持經的福德亦愈勝。第一次是在初步結束了「遣相、遣法相、遣非法相」等的一段經文之後，所以顯持經福德，僅勝於充滿一個大千世界的七寶布施。並以「一切諸佛，及無上正等覺之法，皆從此經出」，明持經福德所以勝彼的原故。此次是在更進一步結束了「遣有所得法，有所得果」等的一段經文之後，所以顯持經福德，更勝於恆河沙數之恆河沙的世界七寶布施。並以「盡能受持讀誦，則可成就最上第一希有之法」，明持經福德，所以更勝的原故。以下六次，皆例此類推。

世尊說此經每至告一段落時，必有一次校德，看似重複煩瑣，其實不然，正其悲閔深心的自然流露，勢在非說不可。約解世尊所說義，不外以下三點：㊀不斷以自度度人，敎衆生建立大悲心的基礙。㊁使衆生知所以修如是因，證如是果，依次修證，登如來地。㊂時時提醒學人，佛法是以修證爲重，不可徒託空言，以多聞爲滿足。據此可知八次校德，實爲全部金剛般若的精神所在，豈可視若等閒？

述要

須菩提！如恒河中所有沙數，如是沙等恒河，於意云何，是諸恒河沙，寧爲多不？須菩提言：甚多，世尊！但諸恒河，尚多無數，何況其沙。

「恆河」——恆伽河之略稱。又名殑伽、恆架。發源於喜馬拉雅山的南麓，橫貫於印度河和蒲蘭達江之間，東南奔流至孟加拉灣滙入印度洋，全長一六八〇里，爲印度文明的中心流域。佛敎和其他宗敎哲學，皆起於此。對全境交通灌漑，利益甚大，所以又名福河。又因源出高處，所以譯曰天上來。如我國的黃河，唐時詩人李白亦有「黃河之水天上來」之句。河中的沙，因細故多，爲閻浮提諸河所不及，又爲大家所現見，所以佛說法時，嘗取之以喻極多之數。

「如恆河中所有沙數」——譬如恆河中所有沙的數量。「如是沙等恆河」——又有與此沙數相等之多的恆河。「是諸恆河沙寧爲多不」——像這末多的恆河中沙，可算得多否？此世尊二次欲顯經功福德之勝，先舉此喻以問須菩提。須菩提答曰「甚多」。轉覺「甚多」二字的回答，太嫌儱侗，但又無法形容此無量無邊之數，所以接着解釋說：「但諸恆河，尚多無數，何況其沙」。意謂：像這末多的恆河，尚且不可以數量計算，何況河中的沙，而可以數量計算嗎？

須菩提！我今實言告汝，若有善男子，善女人，以七寶滿爾所恒河沙數三千大千世界，以用布施，得福多不？須菩提言：甚多！世尊。

　前舉恆河沙數的恆河沙，原爲此七寶布施所假設的譬喻，以顯下文持說本經福德的殊勝，言雖在彼，而意實在此，所以說「我今實言告汝」。「爾所」是「如許」之義，指陳事物之詞，乃指下句「恆河沙數三千大千世界」而言。三千大千世界的數量，已足驚人，更以大千世界爲單位，多至如恆河沙數的恆河沙，可謂多得無量無邊了。若以七寶充滿如許無量無邊的大千世界，用作布施，所得的福德多不？須菩提因已領知佛的意旨，是在假有爲的布施福德之多，以顯持說此經的無爲福德之更多。所以答曰：甚多！

佛告須菩提，若善男子，善女人，於此經中，乃至受持四句偈等，爲他人說，而此福德，勝前福德。

「佛告須菩提」與上文「我今實言告汝」之句相應。以下各句，皆是所告的實言。「於此經中」的「此」字，是專指此金剛般若經而言，並非泛指一切經。良以此經能賅一切經義，持說此經，即所以持說一切經，故不必言泛指一切經，而一切經，自然也就包含在內了。然亦並非只許持說此經，不許持說一切經。要知這裡是在講金剛般若，但宜專精貫注，惟一推崇，不宜涉及廣泛，失掉重心喲。

「受持四句偈」義，第八分裡已說。四句偈爲全經的極少分，然能自己受持，兼爲人說，而此福德，便能較前以七寶滿爾所恆河沙數世界布施的福德爲勝，其理由安在？「布施是着相的有爲法，僅能給受施者以色身上的現前利益，雖多至滿無量無邊世界，其奈根身器界，不出「生住異滅」的四相何！故其福德，亦仍在生死輪廻道中。「此經」是不住相的無爲法，雖受持少至四句偈等，便能離諸妄相，會見本眞；不生不滅；無窮無盡；此此福德之所以勝前福德者一。不但自己受持，更爲人說；使人亦受持，亦爲人說；如此燈燈相然，遍及無量無數無邊衆生，盡入無餘涅槃而得滅度；此此福德之所以勝前福德者二。旣證涅槃，不住無爲；廻智向悲，廣行六度，亦復不住；即無爲而有爲，有爲而無爲；此此福德之所以勝前福德者三。

此經福德，在於無住。若不了無住的法性爲何，徒以意識在文字相上推敲，莫說是四句偈，即令持說全經，又有何益？譬如有人，執著本文的言說章句，以布施爲有爲福劣而竟不行；以四句爲無爲福勝而樂於持說。殊不知，一動此念就不是無住，不是無爲了，根本連福德都談不上，有何勝劣之可言呢？應將不動道場，建立在大悲心的基礎上，遇緣即施，緣過隨了，持說四句，亦復如是。至於有無福德，勝劣如何，非所宜計，即無住、無爲，都成賸語。必如是而無住；如是而無爲；如是而自度度人，福德勝前。

復次、須菩提，隨說是經，乃至四句偈等，當知此處，一切世間天人阿修羅，皆應供養，如佛塔廟。

經中凡將上文未盡之義，續於下文說出，皆曰復次。本文即是續明上文爲他人說，福德勝前的實況。「隨說」——是適應機緣，初無一定限制，而不是隨隨便便的說。就是無論時間早晚；地居何處；聞者的人數多寡，品類高下，根器利鈍；經文廣略，義理淺深；只要適應機緣，便爲之說。如不適應機緣，（如試探、盜法、不敬、驕態、及其他與說聞有碍諸緣）便不爲之說。這就叫做「隨說」。「當知」——是應當知道，不應當不知道，極言其重要之義。「此處」——指說經之處。「世間」——即世界，因間隔同於界限故。世爲時間，界爲空間。如楞嚴經云：「世爲遷流，界爲方位。汝等當知：東、西、南、北、東南、西南、東北、西北、上、下、爲界。過去、未來、現在、爲世」。世俗通常指全球各國，爲一世界。如言世界大戰，世界運動等。或指某一有體系的組織，一現象的範圍，如言女人世界、兒童世界、科學世界等。皆有空間而無時間。所以此言一切世間，亦兼有豎窮三際，横徧十方，概括此無量無邊世界之義。「天、人、阿修羅」——爲六道衆生之略。「供養」——有法、事兩種，而以法供養爲最。以香、華、瓔珞、幢幡、繒蓋、伎樂、禮拜等莊嚴恭敬的，叫做事供養。依法修行，轉爲人說，印贈經卷的，叫做法供養。

「此處」原不足以令人供養，因爲有人在此說經，所以才感得一切世間天、人、阿修羅等的各種供養。天、人、阿修羅，尚應供養，則六道所有的衆生，不言可知。對說經之處，尚應供養，對說經之人，及其所說之經，亦不言可知。不但供養，並且還要如佛塔廟。對說經之處，尚推崇如此，對說經之人，及其所說之經，又何待言。

「塔」——梵語窣堵波——訛作塔婆、兜婆、偸婆、浮圖等。以磚石砌成，露盤七級，作錐形，筆立聳空，以封殯佛之舍利，而爲表顯聖德的特殊標幟。所以譯義曰：聚高顯。諸疏論或云：有舍利者名塔，無舍利者名支提。或云：無論有無舍利，通稱爲塔，亦稱支提。

按諸佛常法，建塔之處有四：①佛出生處；②成道處；③初轉法輪處；④涅槃處。「廟」——為住持三寶之處。何為住持三寶？①供有佛像，曰佛寶。②奉持經藏，曰法寶。③有比丘衆，曰僧寶。紹隆三寶，使之不墜，卽是住持。廟貌莊嚴，與塔同具有表勝之徵。住持三寶，和舍利眞身，亦同具有令人崇拜的憑藉。所以於佛塔廟，鮮有不知供養者，而於說經之處，則往往為人所輕忽。故舉塔廟以為標榜，使知供養說經之處，也應和供養塔廟是一樣的恭敬。

此處有說經之人，必有所說之經，及聞法之衆，則此處豈非就是住持三寶嗎？說經卽是代佛轉法輪，則此處豈非就是佛轉法輪處之塔嗎？一切諸佛及諸佛阿耨多羅三藐三菩提法，皆從此經出；則此處豈非就是佛出生處，及成道處之塔嗎？一切賢聖，皆以此經的無為法而有差別，無為乃涅槃之異名；則此處豈非就是佛涅槃處之塔嗎？所以供養說經之處，應和供養佛的塔廟一樣。此皆上文所說：「為他人說」，福德之所以勝前的實況。

然今塔廟林立，多為藏死人骨灰之塔，外道祀神之廟，以及利市觀光，與應院道場；已不復有四處立塔，住持三寶的實質存在了。招徠一般愚夫愚婦，皆知供養此等非佛塔廟，而於眞佛塔廟，則茫然無知；是對佛之塔廟，尚不知供養，而況說經之處，說經之人，與所說之經嗎？筆者說到這裡，不禁廢筆三歎，噓唏久之！

何況有人盡能受持讀誦，須菩提！當知是人成就最上第一希有之法。

「何況」——是推進之詞。上文言隨說四句，便能感得天人阿修羅等，對說經之處的供養恭敬。此言盡能受持讀誦，則是人，便可成就最上第一希有之法。「是人」即是盡能受持讀誦，與隨說四句之人。由隨說四句，進而爲盡能受持讀誦：是明非盡能受持讀誦以自度，則不能隨說四句以度人；既能隨說四句以度人，必已盡能受持讀誦以自度；此前後互顯因地功行之深。由天人阿修羅等，對說經之處的供養恭敬，進而爲成就最上第一希有之法：是明非成就最上第一希有之法，則不能感得天人阿修羅等的供養；既能感得天人阿修羅等的供養，必已成就最上第一希有之法；此前後互顯果地福德之勝。

何以說非盡能受持讀誦，就不能隨說四句呢？答：全經的文字，組織嚴密，義蘊深奧。或以後文解釋前文，下句解釋上句；或前呼後應；或旁敲側擊；或引喻假說，言在此而義在彼；或義貫全章，雖一句而賅攝無窮。如非將全經文義，以信心領受，觀照行持，拳拳服膺而讀誦之，使之融會貫通，流入自性；則隨說四句，便是斷章取義死於句下，數他家珍都非己有。所以說，非盡能受持讀誦，就不能隨說四句。

何以說非成就最上第一希有之法，則不能感得天人阿修羅等，對說經之處的供養呢？答：最上第一希有之法，即所謂：皆從此經出的阿耨多羅三藐三菩提（無上正等正覺）法。惟有盡能受持讀誦此經以自覺，才是正覺；惟有爲他人說以覺他，才是正等；自覺覺他，是無分別智，平等性智；如能圓滿成就此法，豈不就是最上第一希有之法嗎？惟有成就此法的人，才能度三界衆生出離生死，而入無餘涅槃；故三界衆生，亦惟有對成就此法之人，乃至其說經之處供養恭敬。所以說：非成就最上第一希有之法，則不能感得天人阿修羅等，對說經之處的供養。

若是經典所在之處，則爲有佛，若尊重弟子。

經爲不易之覺道，典爲不易之正軌。受持讀誦，即是循此不易的正軌覺道而達佛所。爲他人說，即是教人也循此不易的軌道，而達佛所。經典爲佛所說，諸佛從經典出，所以說：經典所在之處，即爲有佛，以及最尊重的弟子，亦與佛同在。學在師後曰弟，道從師生曰子，事師應執弟子禮，如事父兄一般，所以稱爲弟子。惟弟最俏兄，子最俏父，所以學佛的人，稱爲佛弟子。佛弟子中，有很多菩薩、羅漢、及一切賢聖，皆爲衆所知識，最足尊重的，所以稱爲尊重弟子。

先言「天人阿修羅，皆應供養」，是顯說經之處。次言「成就最上第一希有之法」，是顯受持之人。此言「則爲有佛，若尊重弟子」，是總明顯處、顯人，無非爲顯此經功德之勝。然人能弘道，非道弘人，般若功德，全在受持讀誦，爲他人說。如不受持讀誦，爲他人說，則經典不過是一呆物，有何功德之可言？持說般若，即是供養般若。不是像一般寺廟，把經典鎖在匱裡加上封條，每日燒香禮拜，才叫做供養。眞是愚不可及。

第十二分　離相奉持

讚詩

莫教他人笑我徒　循行數墨覓毘盧
當知般若波羅蜜　勘破玄機一字無

概　論

本分是須菩提鑒於前來兩次校德，俱言受持讀誦此經，乃至四句偈等，爲他人說的福德殊勝：一則曰『一切諸佛，及諸佛阿耨多羅三藐三菩提法，皆從此經出』；再則曰『經典所在之處，則爲有佛，若尊重弟子』。然則，此經的名字，及其奉持之法，豈可不知，乃請示世尊：『當何名此經，我等云何奉持』？世尊告以：『是經名爲金剛般若波羅蜜，以是名字，汝當奉持』。意謂：汝等當依此經的假名，所顯的實義，以爲奉持之道。卽是以文字起觀照，證實相，而達彼岸。一路如金剛的光明，以明無明；如金剛的銳利，以破除妄相；如金剛的堅固，不因任何外緣的影響，而稍有遷動。

爲防衆生不達此理，反著相昧義，於奉持是名之道，有所違逆。故說：『般若波羅蜜則非般若波羅蜜』，以明離名字相，卽是奉持是名之所以。又防衆生不達此理，以謂佛既說「般若波羅密」，又說「則非般若波羅蜜」豈非自相矛盾？故問須菩提：「如來有所說法不」？須菩提答：「如來無所說」，以明不但文字相應離，言說相亦應離。並舉佛的化土三千大千世界的境相，和化身的三十二相，也無非都是非有而有，有而非有的假名幻相，皆不應著。最後作第三次校德，顯持經功德，更比恒河沙等身命布施的功德爲多，以明因果。

述要

爾時須菩提白佛言：世尊！當何名此經，我等云何奉持？

持誦此經，爲他人說，其因果之深妙殊勝，盡如前來兩次較福之所說。「爾時」卽說此因果殊勝已竟之時。須菩提聞說至此，以爲如此大經大法，不可不知其名與奉持之道，所以請示世尊：「當何名此經，我等云何奉持」？「經名」是全經的總題。「奉持」是躬行實踐。經名與奉持，同時請示，其義如下：㈠名爲華而行爲實，沒有無華之實，也沒有無實之華，其華之煥者，則其實必碩，經名與奉持，亦復如是。若但知經名，而不知奉持之道，則非眞知，猶如華未煥而實亦不碩。若不知經名，而言能奉持者，更無是處。所以經名與奉持，必須相提並論。㈡開經以來，所說種種，如：「應如是降伏其心」、「應無所住行於布施」、乃至「應如是生淸淨心」等節，無非都是奉持之道，且言之綦詳。但文義深廣，或不盡能契合好略衆生之機，必須以一短短數字的經名，將全經文義深廣的觀行諸門，攝入而總持之，令人顧名思義，頓覺無邊佛法，不出一念。如持此總持以躬行實踐，則涅槃彼岸，當下即是；如持此總持以觀諸法，則諸法皆如，無二無別；何勞循行數墨，入海算沙。所以請示經名與奉持，文雖兩句，義實屬一。乃謂：應當以什麼名字以名此經而總持全經的觀行諸門，則我等便應以什麼爲奉持之道。

佛告須菩提，是經名爲金剛般若波羅蜜，以是名字，汝當奉持。

此是佛對須菩提上文所請示的經名與奉持的答案。須菩提以經名與奉持同時請示，佛亦以經名與奉持同時告知。可見以經名爲總持全經之義，非顧名思義，不足以行奉持之理，已爲佛所印可。

「金剛般若波羅蜜」——是佛所示的經名，也就是全經的總題，在開始釋經題時，已竟講過了，今爲涉及奉持，不得不再爲略說：

（一）「般若」——本來梵語「若那」譯曰智，「般若」譯曰慧。因我國語文構造的習慣，是把「智慧」二字，連起來成爲一詞的。又法華疏云：「經論多說：智門照有，慧門鑒空」。「照有」就是以經文所載的義理，去觀照諸相；是謂俗諦，亦謂權智。「鑒空」就是洞見諸相非相，而達於實相；是謂眞諦，亦謂實智。「實智」是佛所親證的覺果；「權智」是佛所說入於實智的因地敎法。權實一如，智慧無別，所以通常但譯「般若」爲「智慧」。凡本經所說，無非敎衆生依文字起觀照而達實相。所以名爲「般若」。

（二）「波羅蜜」——是梵語，此譯彼岸到，或譯曰度，因欲了生脫死，必須斷除二障，證入涅槃。恰如由生死此岸，度過二障中流，到達不生不滅的涅槃彼岸一樣。所以譯爲彼岸到，又譯曰度。「不生」是不住於有，謂之有空；「不滅」是不住於空，謂之空空；有空俱空，卽是第一義空，卽是涅槃彼岸，本經處處說兩邊不住，所以名爲「波羅蜜」。

（三）「金剛」——是最銳利，而又最堅硬的礦質品。能壞一切物，而不爲一切物所壞，以喻般若波羅蜜，能斷淨一切煩惱，而不爲一切煩惱所染汚。

按以上的解釋：般若卽是波羅蜜，波羅蜜卽是般若。因實相卽涅槃，涅槃卽實相；非智慧不能斷煩惱，非斷煩惱不能到彼岸故。又爲顯其特質，冠以「金剛」二字，以示此般若波羅蜜經，較其他般若，更爲堅利，更能斷除煩惱。

「以是名字，汝當奉持」——是說：以此「金剛般若波羅蜜」七字，作爲此經的假名，託此假名總顯實義，汝等當顧名思義而奉持之。如顧「母」名而思生我、育我、敎我、養我之義，始能克盡孝道。忤逆之子，就是犯了不知顧母名而思義的錯誤。「般若爲諸佛母」我們如不顧名思義，以奉持之，豈非就是離經叛道，忤逆不孝的佛子嗎？所以下文有：「佛說般若波羅蜜，則非般若波羅蜜」的解釋，就是怕人發生誤會，錯把名字當作實義，而不求甚解，不求實踐。

所以者何？須菩提！佛說般若波羅蜜，則非般若波羅蜜。

「所以者何」——是佛問：「以是名字，汝當奉持」的所以然者爲何？以下兩句，是佛自答。

金剛般若波羅蜜：為佛所說的經名。金剛二字，僅是般若能斷的譬喻，故略去之，以示能斷的是般若，並非金剛，及般若的名字，尚應遣除，何況其喻。一般流通本「則非般若波羅蜜」的句下，有「是名般若波羅蜜」之句。按江居士的鑑定：乃後人所加，不但唐人所寫的本中，沒有此句，卽智者、嘉祥、圭峯諸大師等的注疏裡，也沒有此句。今當從其鑑定，以古本為是。惟以愚見所及：不應加「是名」之句的理由是：上文說「是經名為金剛般若波羅蜜。」是已說「是名」於前，本文為釋其奉持之所以，故不必再加「是名」於後，以阻塞文路的暢達，並非如江居士所說：「此為遣相明性，不兼不壞假名，所以不應加「是名」之句」，今依此釋如下：

「名字」是從言說而產生的。凡有言說，都非實義。然如無言說，則實義誰了？衆生既不能不從言說以了實義，則佛何可無說；既然言說都非實義，則佛何可有說。在此說也不可，不說也不可的情況之下，只有也說、也不說、隨說隨卽遣蕩了。

為表示「名字」是出自言說的假相，並無可取之故，所以說：「是經名為金剛般若波羅蜜」。正因其名相是假，方顯其法性本空，又何必不隨他假去，而壞其假名呢？所以說：「以是名字，汝當奉持」。這豈不是已說「是名」於前了嗎？

名爲實之對，旣曰是名，當然非實。所以以「佛說般若波羅蜜」，表示旣落名言，當非實義。因其是名而非實，應卽遣相以會性，所以以「則非般若波羅蜜」，表示卽相見性，雖遣相而不壞假名。這又何必再加「是名」於後呢。

先說是名，次及則非者：是明先從以智照有，次及以慧鑒空。也就是先以觀照般若，奉持是名，漸證實相般若，是名則非。何謂以觀照般若奉持「是名」？就是奉持由般若名字所詮的實義去覺照諸相，了知一切法無非是虛妄生滅，皆不可取，何況非法？若不奉持是名以行觀照，則是著了非法相。本經云：「若取非法相，卽著我、人、衆生、壽者」。這就是所謂以觀照般若，奉持「是名」。

何謂證實相般若，「是名」則非？今以奉持般若波羅蜜故，見一切生滅諸相，卽是非相。本經云：「若見諸相非相，則見如來」。見如來，就是證實相，所以又說「是實相者，則是非相，是故如來說名實相」。以是義故，佛爲接引衆生，不得不假方便所說的般若波羅蜜法，在實相中，了無一字可得。若有一字可得，就是著有法相。本經云：「若取法相，卽著我、人、衆生、壽者」。這就是所謂證實相，「是名」則非。明乎此，則知所以「以是名字，汝當奉持」者，爲「佛說般若波羅蜜，則非般若波羅蜜」故。

須菩提！於意云何，如來有所說法不？須菩提白佛言：世尊！如來無所說。

衆生一念不覺，分別諸相，就相立名，不能無說。於是：我、人、衆生、壽者，乃至宇宙萬象，只要是緣慮所能及的，無不各立名字，各有其說。復不知是自心所變造，因緣所生法，而執爲實有。遂致造業受報，於生死流，逐浪翻滾。乍聞般若，難免執此凡夫的情見，妄忖佛智。以謂：「般若波羅蜜」，明明爲佛所說，豈能沒有法相，何以又說「則非般若波羅蜜」呢？若說是遣相，與其說了又遣，何如不說呢？殊不知：佛說般若波羅蜜，是依平等無二的如如理，演平等無二的如如說，敎衆生離於言說、名字、心緣諸相，導生死流，於不生不滅的涅槃性海，雖說而實無所說。如日照物，日豈有所謂照耶？孔子尚欲無言，我佛豈能有說？所以佛問須菩提：「如來有所說法不」？須菩提答曰：「如來無所說」。爲什麼不說答而說白呢？因爲這個問題，在衆生心中，是一極大的疑闇，必須剖而白之之意。因此我們對須菩提所答的「如來無所說」，就不能不再略費詞章，予以闡發了。

如來——即是如如之理，所以經云：「如來者，卽諸法如義」。諸法相假而性空，惟其相假，故有差別（如水成波）；惟其性空，故無不如（如波皆水）。無所說——即是如如之說，所以經云：「如來是如語者」。稱性之說，說卽無說。因性體空寂，言語道斷，心行處滅，無所說故。說無所說之說，故爲如說，若有所說，則不如如，卽非如來。所以經云：「若人言如來有所說法，卽爲謗佛，不能解我所說故」。說由念起，名從說出，所以但學一「無所說」句，則言說相、名字相、心緣相、一時俱離，離諸假相，卽證空性，這在起信論裡，叫做眞如。（論云：離言說相，離名字相，離心緣相，乃至一心，故名眞如）。佛所以作如是問，須菩提所以作如是答，卽是敎衆生作如是修，如是得證眞如。此卽所謂：般若波羅蜜。

前在學果證因分裡，也有與此同樣的問題。但彼明說法無定，所以答謂：「無有定法，如來可說」。此明法性本空，所以答謂：「如來無所說」。因法性本空，故說法無定。因說法無定，故知法性本空。可前後參看。

須菩提！於意云何，三千大千世界，所有微塵，是爲多不？須菩提言，甚多！世尊。

三千大千世界，是衆生惑業所感的依報國土，佛度衆生，故亦以此土爲化土。所以於說離「般若波羅蜜」的名字和言說相後，尤須明此世界，亦是緣生無性的假名幻相，使衆生對此易著難破的塵境，脫然了悟，而能在塵離塵，入世出世。乃問須菩提曰：像三千大千這末大，這末多的世界，所有微塵，多不多呢？世尊欲藉微塵之多，說明微塵如幻，世界亦如幻，所以意在世界而問在微塵。須菩提，善領佛旨，所以答曰：「甚多」。意謂：只見微塵，不見世界，除微塵外，別無所謂世界的自相。

須菩提！諸微塵，如來說：非微塵，是名微塵。如來說：世界非世界，是名世界。

「微塵」是色法（物質）少分的粒子。依俱舍論說：「微塵」是由七粒「極微」（極微舊譯爲隣虛，謂隣接虛空，不可再分）聚積而成的。既爲「極微」所聚，當亦析爲極微，如此則微塵之相卽非。又七倍微塵爲一金塵；七金塵爲一水塵；七水塵爲一兔毛塵（金塵、水塵、能於金屬或水的原子構成空隙中，往來無碍。兔毛塵，如一兔毛之尖端）；乃至漸聚漸大，爲一世界。世界既爲微塵所聚，當亦析爲微塵，如此則世界之相亦非。

然此爲小乘的析空觀，非畢竟空。尚餘一「極微」，給勝論外道們作爲是色法無可再分的終極根本，雖三災劫末，亦不變壞的憑藉。大乘佛教則否，乃觀凡所有相，不管大小粗細，不待分析，當體卽是緣生幻有，沒有自性實體和不變壞的「極微」存在。依唯識論說，一切色法爲「賴耶識」的種子所變現，不是離心而有自相的。然微塵世界，雖非實有，其爲因緣所生，唯識所現的假名幻相，却不可否定，亦不必否定。如病眼人，見空中花，空花雖非眞有，空花的假名幻相，不能說沒有。所以說：「微塵非微塵，是名微塵，世界非世界是名世界」。

微塵世界，固是因緣所生法，唯識所現境；然此因緣與識，究是何物？觀十二因緣，便知是無明惑業。衆生自性本來清淨，與諸佛如來，無間毫髮，唯因無明惑障，妄念紛起，於非微塵，執微塵，非世界，執世界。如畫師畫虎，還自驚擾！可憐孰甚。佛爲悲愍衆生，現身於微塵世界，開闡般若妙諦，使衆生覺照自性本來是清淨的，非微塵所能污，所以說：「非微塵」，是超越時空的，非世界所能囿，所以說：「非世界」。如此微塵世界，豈非徒具虛名，所以說：「是名微塵」，「是名世界」。說「非」，令不著於有；說「是名」令不著於空；有空不著，故能在塵離塵；在世離世；視生死卽涅槃；煩惱卽菩提。能如是修，如是證者，卽是奉持般若波羅蜜。

須菩提！於意云何，可以三十二相見如來不？不也，世尊。何以故？如來說三十二相，卽是非相，是名三十二相。

或曰：大千世界，是緣生幻有的假名，縱如上說；然則！佛的三十二相，難道說也是緣生幻有的假名不成？如果也是的話，那末我們修行何爲，不是爲成佛麼？殊不知成佛是成佛的法身，而不是成三十二相。而此法身，爲諸佛與衆生所同具，在聖不添，在凡不減，所謂一眞法界，平等無二，不過衆生因著相迷性，而不自覺罷了。三十二相，是佛於大千世界，隨緣顯現的應化身相，（小乘謂報身，因爲是修行福德因緣果報故）爲方便說法，教衆生返迷入悟，自見其本具的法身—如來，而不是以三十二相，做衆生成佛的標榜。爲斷此疑，所以問須菩提說：可以執著這個三十二相，見如來嗎？

世尊在前第五分裡，約衆生色身爲問時，曾推廣其義的說：「凡所有相，皆是虛妄，若見諸相非相，則見如來」。已暗含三十二相在內，而爲此處約佛應化身爲問時，預伏先機。須菩提有鑒及此，所以答曰：「不也」。就是說：不可以三十二相見如來。接着就申明其故的說：「何以故，如來說：三十二相卽是非相，是名三十二相」。也就是說：爲什麼不可以三十二相見如來呢？因爲佛所說的三十二相，也和大千世界一樣是虛而不實，妄而非眞的假名幻相。世界有成壞，三十二相也有生滅，怎麼可以執此生滅的幻相，見不生不滅的如來呢？

法身無相，隨緣現三十二相以爲相，所以勝妙殊絕，下自足底平滿，上至頂如天蓋，和凡夫由欲愛所生的色身，迥然不同，然其爲生滅如幻則無異。因三十二相幻化非眞，所以不可執相爲性而見如來。故曰「非相」。是謂空觀。因三十二相原是法身隨緣，所以也不可取斷滅空而見如來。故曰「是名」。是謂假觀。然，但觀空、觀假，空假相待，恐非以二諦說法的如來義。如來義是二諦融會，空假相卽的絕待眞理。所以我們不應把「卽非」「是名」，看成兩橛。是謂中觀。若執相爲性，則是不了「非相」之理；不了「非相」之理，則不能證體而見如來。若取斷滅空，則是不了「是名」之理；不了「是名」之理，則不能隨緣度化。「非相」與「是名」二俱不了，則體用盡失，如迷航之舟，隨風逐浪，浮沉於生死苦海，是爲凡夫。了「是名」不了「非相」，則是離體之用，必致偏邪而成外道。了「非相」不了「是名」，則是離用之體，必致偏眞而爲二乘。惟有「非相」與「是名」同時俱了，方爲全體大用，空而不空的眞空，無相無不相的實相，是爲菩薩。如是修者，卽是奉持般若波羅蜜。

須菩提！若有善男子，善女人，以恒河沙等身命布施，若復有人於此經中，乃至受持四句偈等，爲他人說，其福甚多。

上來顯受持此經，爲他人說的福德：第一次是在遣我人四相，乃至遣非法相之後，所以僅勝於充滿一個大千世界的七寶布施。第二次是在遣有所得法，及有所得果之後，所以較第一次更勝於充滿恒河沙數世界的七寶布施。此次是在不著名言乃至不著三十二相之後，所以較第二次更勝於恒河沙等的身命布施。

世人視財如命，布施一文錢，已屬不易，何況充滿世界七寶，豈非更難？然是人所以有充滿世界七寶的富饒，必是多生多劫，好行布施之所致。是則身外之物，雖如七寶之貴，充世之多，並非難捨，唯一難捨的，是自己的身命。如楊朱之徒，拔一毛而利天下，尚不肯爲，何況身命。然殺身成仁，捨生取義，百戰疆場，視死如歸的忠烈之士，代有輩出。是則身命，亦非難捨。然此多激於義憤，至大不過爲自己的國家民族而拼命；爲我不殺敵，敵必殺我而拼命；算不得什麼布施。

佛教所謂捨身命布施，是以同體大悲，無緣大慈，犧牲自己的身命，去救濟一切衆生之類。如捨身施虎等，損己利人之事，在三大僧祇的修行階段，就有恒河沙數等量之多。如此以身命布施的功德，較身外之物的財施，不能算是不多。但是這種布施，也只能救人一時之急，不能達於究竟。惟有受持此經，爲他人說，才能敎三界衆生，無明明，不覺覺，乃至究竟涅槃。比起以身命布施的福德來，豈非甚多？恐怕多得無法計算了吧！

第十三分　成就聞慧

讚詩

雨泪紛紛表寸衷　昔來慧眼欠圓通
而今無復所知障　得見人空法也空

概論

本分是須菩提聞佛前來所說：如何降住、如何生信、如何奉持之後，對於本經的義趣，有了深刻的理解，喜極而悲，不覺涕泪並下，極口讚歎！佛所說的如是甚深經典，是他從往昔以來，所得慧眼，聞所未聞的。並願和現前當來的衆生，同聞此經，同得法樂。又盛讚現聞是經，信心清淨的人，和當聞是經，信解受持的衆生，其所成就的功德，皆爲第一希有。因爲他們已從般若門中，理解到我、人、衆生、壽者等相，卽是非相之義，而離一切諸相了。離一切諸相，則名諸佛，豈非第一希有？

述要

爾時須菩提，聞說是經，深解義趣，涕淚悲泣而白佛言：希有世尊！佛說如是甚深經典，我從昔來所得慧眼，未曾得聞如是之經。

「爾時」是從開經「應如是降伏其心」說起，直到上分說完奉持之法的時候。「義」是義理。「趣」是旨趣。因此經的義趣，深微難聞，所以佛在當說之前，曾以「諦聽」之語，告誡須菩提。須菩提即因諦聽之故，對本經的義理和旨趣，有了深刻的理解。乃回想過去未聞佛法之前，流轉生死，是何等的痛苦。既聞佛法，且得慧眼，以謂生死已了，法止於此，詎料此經義趣之深，猶爲慧眼所未曾聞，是何等的慚愧。今幸得聞是經，且能深解義趣，又是何等的喜樂。然此佛法因緣，千劫難逢，假使坐失良機，又該如何？豈非依舊沈淪？須菩提在這些複雜的心情交織之下，不禁悲從中來，感激涕零，極表讚歎的說：「希有世尊！佛說如是甚深經典，我從昔來所得慧眼，未曾得聞如是之經。」

慧眼但了人空，未了法空，此經是人、法二空兼了，所以說「甚深」。前八會未說此經，於今第九會方說，所以說「未曾得聞如是之經」。眼非司聽之官，本不能聞，何以說所得慧眼未曾得聞呢？當知慧眼非眼，乃智慧光明照見之義。又具此眼者，能六根互用，不必定以眼見，也不必定以耳聞。所以說「所得慧眼，未曾得聞」。

問：須菩提早成正覺，且稱第一離欲阿羅漢，也曾助佛演化，共談般若，豈於此時對般若義趣，方得聞而深解，以致感泣讚歎嗎？答：若以囘智向悲，能觀俗諦而論，確非小乘聖者之所能知。若以悟眞空無相而論，則長老於經初啓請，是代表衆生，至此感泣讚歎，也是替衆生設想，使知此經的法緣不偶，義趣非淺，以長老所得慧眼，猶如是驚奇讚歎，何況我等凡夫，既聞般若而可不深切體會，以解義趣嗎？

然則，云何深解義趣，不可不知，以副長老當機酬答的一番婆心。今略說如下：聞經的目的，在於深解義趣，如不解義，徒聞何益？經中的義趣，是佛以歷劫修行所證得的覺性，爲慈悲故，方便顯示給衆生的悟性妙門。聖言足憑，不容有絲毫疑障，橫塞胸臆。否則，沒有信心的人，雖聞亦不得解。如不從此妙門驀直行去，雖解而理事不融，成爲未經歷練與驗證的空洞理論。必須由信而解、而行、而證、徹了理事一如，性相不二的第一義諦，方得謂之深解義趣。如本經前來所說：如何一念生信；如何無住生心；如何得見如來；如何奉持此經等，無在不是說的信解行證。所謂深解義趣，也就是深解如是等法的義趣而已。

信解行證，不可截然劃分爲四，必須擧一貫三，打成一片。使信爲解行證的信；解爲信行證的解，信時卽是解行證時，乃至證時卽是信解行時。如此方得謂之究竟了義。明儒王守仁倡知行合一論。孫中山先生講信仰、思想、力量三者，爲構成主義的條件。皆源出於此。

可見金剛經的功德，在於信解行證，並非念若干遍，禮若干拜，就是功德。甚或用作驅鬼避邪的符咒，鎭宅的鍾馗，更屬荒誕之極。愚夫愚婦，不無可原，惟有身披緇衣，手持空頭功德支票，美其名曰「大乘法寶」，作奇貨價售的佛門敗類，其罪惡之大，恐非算數譬喻之所能及。

世尊！若復有人，得聞是經，信心清淨，則生實相，當知是人成就第一希有功德。

自本文起，至「則名諸佛」止，無異的是：須菩提因深解義趣而自覺覺他的一紙露布，普勸現前當來，一切衆生，亦復如是深解義趣，齊登覺岸。專就本文而論：「信心清淨，則生實相」，即是深解其義，兼及其趣。「當知」二字，即是勸告衆生之意。「成就第一希有功德」，即是盛讚其深解義趣的成就。

須菩提，前在「持戒生信」分裡，因尚未深解義趣，所以有「頗有衆生，得聞如是言說章句，生實信否？」的疑障。今已深解義趣，所以有「若復有人，得聞是經，信心清淨」，的徹悟。

衆生心，元本是清淨的，無奈爲著相故，分別計執，被煩惱、所知二障所染污，而不清淨了。是經乃遣相、破執、除障的微妙法門，若復有人，得聞是經，能夠因信而解，使信為解之信，並非盲從；因解而行，使解為行之解，並非空談；因行而證，使行為證之行，並非無所歸趣。如此深解義趣，則相無不遣，執無不破，障無不除，清淨心自然也就回復其本元了。因為是信的成就，所以說是「信心清淨」。信為證信，清淨心是信所證得的性體。因其遠離垢污，是故說名清淨。

為明清淨心，並非如止水似的住於清淨，而是活生生，徧一切時，一切處，無相無不相的實相，所以說「則生實相」。實相非生，何以說生實相？因為實相是如實所知的般若正智理體——無生法。生實相，即是生般若，所謂「一切法不生則般若生。」即是無生生；生實相，即是生無生。惟有生實相所成就的功德，是第一希有的。何則？除煩惱障，證涅槃果，即是正覺；除所知障，證菩提果，即是正等；正等正覺，即是菩薩；九法界裡，惟以菩薩為第一希有。修行為功，證果為德，今菩薩修正等正覺之行，證正等正覺之果，豈非第一希有功德嗎？

世尊！是實相者，則是非相，是故如來說名實相。

此是須菩提防人誤會實相是相，所作的解釋。也是和前第五分裡「若見諸相非相，則見如來」等句的互相發明。

凡所有相皆是虛妄，實相則否，恰好是實而非虛，眞而非妄。所以說：「是實相者，則是非相。」非相卽性，性卽如來，如來性空無以爲名，因非虛妄之故，假名之爲實相。所以說：「是故如來說名實相」。性旣非相，何以見得是眞實？旣無眞實之相可見，又何以假名之爲實相呢？正因性空無相，所以才能隨緣幻起一切諸相。如其有相，則山是山，水是水，怎能幻起諸相，成就無量功德呢？雖能幻起諸相，然相有生滅，性空不動，而此不動，豈非就是眞實嗎？特爲表顯其眞實性故，所以假名之爲實相。這是專就本文所作的解釋。

前佛言：「若見諸相非相，則見如來」等句之義，猶未全彰。學人若不作面面觀，容易誤會：見相爲著有，非相爲著空，有空俱著，何以得見如來？殊不知：見相非相，卽是泯色於空，會相歸性；色空冥合，性相不二；色不就是空，空不就是色；相不就是性，性不就是相嗎？這就是如來藏具足的空不空義。怎麼說不能見如來呢？今以本文助闡此義，令人統觀前後，相得益彰。先說「是實相者，則是非相」，就是以本分所謂的實相，助闡前文所說的「見諸相非相」。實相的意義是「無相無不相」：性體空寂，不着一切相，叫做「無相」；雖不著一切相，亦不拒一切相的發揮，叫做「無不相」。可知前文所說的「見諸相非相」，並不是執相而著有；也不是滅相而著空；而是無相無不相的實相啊。「無相」則相卽非相；「無不相」則非相而相；相卽非相則空；非相而相則不空；空不空卽是色空冥合，性相不二的如來藏義。實相既是如來藏義，則前所謂見如來者，卽是證實相。此所謂實相者，卽是非相，不過是個假名而已，所以又說：「是故如來說名實相。」這是以本文與前說互相發明所作的解釋。

問：上來所說：「清淨心、實相、如來」等，既然都是性體的稱謂，爲什麼一個性體，立許多不同的名相，令人煞費解思呢？答：佛爲衆生破執故，說法無定：爲性離垢汚，說名清淨；性非虛妄，說名實相；性德圓彰，說名如來。此皆隨緣假立的名相，若說至究竟，雖性之一字亦不可說。

世尊！我今得聞如是經典，信解受持，不足爲難。

長老前說：「我從昔來，所得慧眼，未曾得聞如是之經。」此說：「我今得聞是經，信解受持，不足爲難」。前後對照，可見須菩提昔來所得慧眼的智慧尚淺，猶被法執障住菩提，沒有得聞是經的資格，所以佛未曾予說，彼亦未曾得聞，卽聞亦未必能信解受持。今爲發大心，行大行，代衆生請說此甚深經典，所以一聞便能與三空勝義，無住妙行相契而信解受持。不足爲難，是說：信解受持，雖不十分容易，也不十分爲難。若說十分容易，恐怕無人敢信是經爲最上第一希有之法而生憍慢。若說十分爲難，又怕無人敢聞是經發菩提心。況長老昔來所得慧眼，未曾得聞，已證明並不十分容易。今能信解受持，又證明也不十分爲難。所以說：「不足爲難」。

「不足爲難」一語，是長老寓策勵衆生，獎挹後進之意於自慶和自謙之中的妙詞。是說：我幸夙具善根，生值佛世，躬逢盛會；證阿羅漢果，稱解空第一；如是因緣具足，得聞是經，信解受持，何足爲奇，所以說「不足爲難」。這是長老的自慶和自謙。言下大有：若至末法時期，人根既鈍，去佛又遠，經典更是遞相傳譯；如果有人得聞是經，信解受持，確是難能可貴。這是長老在自慶和自謙的詞中，所寓策勵衆生，獎挹後進之意。下文所說，便是。

若當來世，後五百歲。其有衆生，得聞是經，信解受持，是人則爲第一希有。

來世——就是後世。後五百歲——是自佛滅度後，按佛法逐漸衰敗的情形，分爲五個階段，每一階段爲五百歲的第五階段。此時已屆末法初期，以歷史推算，現在適當其時。前在「持戒生信」分裡，已竟詳說，今故從略。

經云：「此時衆生，鬥諍堅固，入道甚難」。其實衆生從本以來，即因徧計所執，惑於三毒，安得而不鬥諍。翻開歷史看看：自夏禹家天下而後，直到如今，那一朝代的政權，不是硬以武力取得的。不過以今世共匪的鬥諍爲最慘烈亦最普徧罷了。此以政治言之，即以文教而論，亦何獨不然。如儒家最初卽受挫於楊墨，後復火於秦，黃老於漢，黨同伐異於宋，至今更徹底爲胡禍所摧毀。佛法自入中土以來，雖在北魏唐宋之間，遞遭三武之難，橫被腐儒之斥，然尚能屢廢而屢興，迨後宗派互詆，每下愈況，至今更爲獅蟲侵蝕殆盡，一蹶不振了。此皆人根漸來漸鈍，至於此極之故，所以稱爲末法。

似此末法衆生，業深障重，絕無得聞是經之理，因未種善因不遇善緣故。卽便得聞，又疑大乘非佛說而不能信解受持，因雖遇善緣，善因不足故。倘或有人，得聞是經而能信解受持，必是持戒生信的人，亦卽所謂：「不於一佛二佛三四五佛而種善根，已於無量千萬佛所，種諸善根」的人。所以說是第一希有。

何以故？此人無我相、人相、衆生相、壽者相。

「何以故」——是設問：因爲什麼緣故「是人則爲第一希有」呢？「此人」——卽是第一希有之人。無我相以下，卽是釋明其故。就是說：因爲此人已經沒有我相、人相、衆生相壽者相了，所以成就第一希有。

若但就本文的文字表面來看，沒有我人等四相，只是空了人我，還沒有連法我一齊空却。只是不著有邊，還沒有連空邊同時不著。本經是以證實相爲旨趣，本分又是專明生實相爲第一希有功德的，倘非人法俱空，兩邊不著，則非實相。怎能說無我人等四相，是成就第一希有之故呢？殊不知，無我人等四相的「無」字，不能作「沒有」那樣簡單的解釋。下文便是明其所以。

所以者何？我相卽是非相，人相、衆生相、壽者相、卽是非相。

所以者何——是設問上文說無我人等四相爲第一希有的所以然者爲何？向下我相各句，卽是解答其所以然。就是說：上來所說的無我人等四相，並非用一種力量，把實在的我人等相，一齊消滅，或躲在深山巖穴裡，去逃避現實。而是以般若照見五蘊皆空，了知我相原是緣生幻有，並非實在；既是緣生幻有，則有卽非有。所以說：「我相卽是非相」。我相既是非相，由我所取的人、衆生、壽者等相，當然也非實有。所以說：「人相、衆生相、壽者相、卽是非相」。

既是相卽非相，又消滅個什麼？逃避個什麼？如認爲有相可滅可避，則是相由心取，所謂：「自心取自心，非幻成幻法」。試問自心所取的相，更向何處去滅，何處去避呢？既滅不了又要滅，避不了又要避，豈非前進著空，後退著有，進退維谷嗎？即便能滅能避，也是强力抑制，即楞嚴經所謂的「法塵分別影事」。所以上來所謂「無相」，是當其有時即無，相即非相。並非先有後無，滅相取空。有時即無，則不著於有；不滅相取空，則不著於空；不著於有則無相；不著於空則無不相；無相無不相，即是實相——第一希有。

何以故？離一切諸相，則名諸佛。

何以故——是問：爲什麼我人等四相，即是非相，能成就第一希有呢？向下離一切諸相兩句，即是這個問題的解答。就是說：因爲此人已了知一切虛妄諸相，即是非相，而離了一切諸相的執著，便與諸佛齊名之故。

問：「離一切諸相，則名諸佛」兩句，是不是一個人，離諸相名諸佛，離一相名一佛呢？答：迷則爲衆生，悟則爲佛，十方三世諸佛，無非離一切虛妄顛倒諸相，轉迷入悟而得名。雖不是：一個人離一相名一佛，離諸相名諸佛。然諸佛同一覺性，性無分別，只要是覺者，不管聲聞、緣覺、無上菩提、皆得名之爲佛，就是「須陀洹」，古人也說他是初證法身。

既說諸相，又說一切，可知我人等諸相，是總括一切相的。因爲無論法相、非法相，只要一有取著，則能所對待便成我人；兼取並著便成衆生；繼取不斷便成壽者。所以「持戒生信」分裡，曾經說過：若取法相卽著我、人、衆生、壽者；若取非法相卽著我、人、衆生、壽者。「不取」卽是「離」，要想離相，必先了知相卽非相。然非相之理，雖可頓悟，而離相之事，尚須漸修。離一分相，證一分法身；諸相分分離，法身分分證；所以說：「離一切諸相，則名諸佛」。

第十四分　勸行無住

讚詩

莫謂清溪好濯纓　桃源深處寄迷情
當尋覺岸隨緣度　萬里仙槎不住行

概論

本分是世尊除對上分長老所說的離相之理，予以印可外，更促其實踐於六度之行，乃舉第一重要的「般若」，和最難離相的「忍辱」二度，以賅餘度而推闡之。並引出自己被割截身體之慘，和五百世之辱，而不生瞋恨的往事，為修「無住相」行者作一榜樣。又勸勉菩薩

：應離一切相發菩提心。不應住色等六塵生心，應生無所住心。爲使波羅蜜的利益普被於一切衆生故，應行無住相布施。如來所說，是眞實如理的話，不可不信。如來所得，是無實無虛的法，不可執著。若菩薩能不執有實法而行布施，就像脫了無明厚殼一樣，光耀朗然，一切盡見。否則，就像在無明殼中，過著黑暗的生活一樣。最後把以上所說種種，都歸結於受持讀誦此經的功德。

述　要

佛告須菩提：如是！如是！若復有人，得聞是經，不驚、不怖、不畏，當知是人甚爲希有。

佛告須菩提一句，總冠下文，攝義兩重：一是給長老印證其所說：「此經爲甚深經典、信解受持爲第一希有」等理之不謬。二是闡明其說猶未盡之義。本文卽是第一重義給予印證的話。就是說：你說的很對！很對！若現前當來有人得聞是經，能够不驚、不怖、不畏，的確是難能可貴、罕見得很。

兩個「如是」合起來說，是極言其是。分開來說，是所說皆是。「驚」是因爲沒有信心，所以乍聞此經，恐非正道，而驚慌失措。「怖」是因爲不解經義，所以在疑似之間，心神不得安定。「畏」是因爲未能信解，所以也不敢受持，而躊躇不前。不要說凡夫、外道、及世智辯聰之輩，就是佛門弟子，聞此深經，也很少有不驚、不怖、不畏的。凡夫著有，怕聞無相；外道邪見，怕聞眞理；世智辯聰之輩，怕聞離言說相。佛門弟子：執法者，怕聞無法相；執空者，怕聞無非法相。如果有人得聞是經，不驚、不怖、不畏，當知是人已能信解受持此經，於畢竟空中，了徹諸法如幻，自性清淨，心無所著了。可謂出乎其類，拔乎其萃，甚爲希有哪。

何以故？須菩提，如來說第一波羅蜜，非第一波羅蜜，是名第一波羅蜜。

自本文以下，皆是上文「佛告須菩提」的第二重義，對長老說猶未盡之義，予以闡明。本文是闡明般若並無可以使人驚怖之處。何以故——是佛設問：爲什麼我說聞是經不驚、不怖、不畏的人，甚爲希有呢？向下各句，是佛自答：先呼須菩提的名，是提高其警覺，表示鄭重之意。如來說——是就性體而言。性體平等，無所謂「第一」；性體無相也無所謂波羅蜜。所以說「第一波羅蜜，非第一波羅蜜。」正因爲性體無相，所以也無不相，一切諸相得依之而緣起，第一波羅蜜也是依性體緣起的法相，實體雖無，假名却有，所以又說「是名第一波羅蜜」。如此一般儱侗的解釋，還不足以使人不驚、不怖、不畏、不能算是圓滿的答案，尚須深解如下：

般若波羅蜜——是本經略去「金剛」二字的總名，已先後作過詳略的解釋在前，今不贅述。本文所謂的「第一」，是指「般若」而言，不說般若而說第一者，爲明般若在諸度中的重要性，堪稱第一之故。『福德較勝』分裏，不是說過嗎？「一切諸佛及諸佛阿耨多羅三藐三菩提法，皆從此經出」。可知般若實爲出生一切佛法之母。然則諸度又何能出乎一切佛法的範圍？那末！般若爲一切佛法之母，當然亦爲諸度之母。所以說般若爲「第一波羅蜜」。

般若和諸度的關係既如上說，則諸度不能離般若而成其爲度，般若也不能離諸度而稱爲第一。這豈不是第一非第一，波羅蜜非波羅蜜嗎？況般若不過是行人藉作度生死的修行法門，在沒有修行以前，或既到彼岸之後，都無此法，僅在修行的過度期間，爲方便故，暫假諸緣作一時的幻現而已。何以故？不修行則般若不生，到彼岸則實相無相故。亦卽「所謂佛法者，卽非佛法」。所以說：「非第一波羅蜜」。說此一「非」字，以明相無可著，法無可執，爲著有法相的行人破除驚、怖、畏、的心理。

雖不可執般若爲離諸緣而別具第一之相，然在六度的法門中，不無第一之假名，諸修行人，又不能不因之而到彼岸。到彼岸則實相無不相，所以說：「是名第一波羅蜜」。說此「

是名」二字，以明假名幻相不礙性空，但不可執以爲實，亦不必壞其假相。爲取非法相而偏空的行人，破除驚、怖、畏的心理。

經云：若取法相及非法相，卽著我、人、衆生、壽者。今法相及非法相，兩皆不取，我人等相亦卽不著。如此則人空、法空、空空、卽是第一義空的眞理。第一義空中，離四句，絕百非。爲外道空其邪見，世智窮其辯聰，而破除其驚、怖、畏的心理。

統如上說，般若不但是沒有令人驚怖畏之處，而且是患驚怖畏病者的救星。如有聞是經而不驚怖畏者，便是因信解受持而爲般若所拯救的人。豈非甚爲希有？所以說「第一波羅蜜」，是「甚爲希有」的所以然。

有人以德國哲學家黑格爾的「正、反、合」，來解釋「佛說、卽非、是名」。事關邪正，不可不予以辨證如下：黑氏所謂的「正」，是一種思想；所謂的「反」，是和這種思想相反的另一種思想；所謂的「合」，是利用這兩種思想的矛盾，製造出第三種的思想來，名之曰：「矛盾統一」。這些思想，都是極端的妄想，無一是處。我們中國有一句古語：「鷸蚌相持，漁人得利」，可爲「正反合」最適當的說明。其毒素影響所及，使赤燄已燒毀了半個世界，還沒有熄滅。國家元首，曾爲我們剴切言之，身爲國民豈可置若罔聞。

我佛所說的「卽非」，是明「相卽非相」。如空華非華；水月非月；所以不可著相而起「有」想。並非另有一個反對的「非相」，與「相」矛盾。所說的「是名」，是明一相是假名」。如空華名空華；水月名水月；所以也不可壞相而起「空」想。一切空、有的妄想皆空，卽是中道第一義諦。並非利用矛盾，製造出第三個相來，名曰中道。以此出世，固然可以見性成佛；卽以此入世，更可以淨化世界。何以故？不起「空」想，則忠於職守，自强不息。不起「有」想，則少欲知足，心無貪染。如此便把人類的爭奪化爲禮讓，干戈化爲玉帛，乃至娑婆化爲淨土。這和黑格爾的「正反合」，無論在文字的表面，或義趣的骨裏，以及其立言的出發點，都無半點相似，而且是非分明，善惡判然。怎麼能拿他來作「卽非是名」的註脚呢？

須菩提！忍辱波羅蜜，如來說非忍辱波羅蜜。

上文說般若與諸度有不可分離的關係，般若中有諸度，諸度中有般若，則般若應離相，諸度亦應離相，是不待言了。何以又別說忍辱亦應離相呢？豈諸度除忍辱亦應離相外，餘度都不應離相嗎？非也，般若是離相之理，諸度是離相之事，理非事不彰，而事非理不行，所以講般若，不能不講諸度。但舉一忍辱，而不兼舉諸度並說者，因爲忍辱在諸度中，是極難離相的一度，所謂「是可忍，孰不可忍」，只要忍辱能夠離相，餘如布施、持戒，精進等相亦自無不離。又於行諸度時，往往會遭遇到人事的干擾，或自然環境的阻撓，如果沒有堅忍卓絕的道心，必致始勤終怠，甚或消極自了，退墮於偏空的一邊。所以忍辱爲諸行門的先決條件，特舉之以概其餘。

依例本文亦應有「是名」之句，因是離相的行門，不言「是名」而「是名」之義已具。何以故？非悟離相之理，不能行忍辱之行；行忍辱之行，即是「不壞假名」。所以說一「忍辱」，則「即非」與「是名」之理並具，「法相」與「非法相」亦俱離。

忍辱——約有三義：㈠屬於人事方面的逆境，如：我不欲他人加之於我的一切非禮行爲，或毀辱暴擧，而他人竟加之於我，我能憐彼愚痴，不予計較；或喜其給我以成就忍力的機會，安然順受，不起嗔恚報復之念，叫做生忍。㈡屬於自然方面的逆境，如：風、雨、飢、寒、病、老、死等，及其他非人力所能抗拒的一切災難，能處之泰然，安之若素，叫做「法忍」。㈢菩薩行諸度時，於一切順逆諸境，安住於「諸法本來不生」的法理，而不動念，叫做「無生法忍」。

爲表顯忍辱不離般若，離般若則不成其爲度，所以說：「忍辱波羅蜜」。爲表顯忍辱和般若應同時離相會歸於性，不離相則不能忍辱，所以又說：「非忍辱波羅蜜」。

何以故？須菩提，如我昔爲歌利王割截身體，我於爾時，無我相、無人相、無衆生相、無壽者相。何以故？我於往昔節節支解時，若有我相、人相、衆生相、壽者相、應生瞋恨。

本文有兩個「何以故」。第一個「何以故」——是問：何以能够不著忍辱相？向下卽佛擧其親身所經歷的事實，來證明因無我人等相，故能不著忍辱相。昔——是往昔夙世，佛在因地行菩薩道的時候。歌利——譯爲「鬥爭」或「惡生」。時有北印「烏仗那國」國王，性至殘暴，故得此歌利之名。一日帶着許多宮女，入山遊獵，倦極假寐，一覺醒來，頓失宮女所在。乃四下尋找，至一幽谷，見她等都在聽菩薩說法，不覺怒火中燒，斥責菩薩曰：「何物妖道，膽敢誘我女人」！菩薩說：「是她等自來求法，我修忍辱行，久不動念，云何誘王宮女」。王卽揮劍斷其手足耳鼻！問：「汝能忍否」？菩薩若無其事的說：「縱使大王臠割我身至於粉碎，我決能忍，不生瞋恨」。王怒猶未息，忽爾狂風怒號，挾金剛砂，雨天而下，菩薩身復如故。王懼，長跪懺悔求恕。菩薩乃發願言：「我來世成佛，先度大王」。彼時之菩薩，卽今之釋迦世尊，歌利王卽世尊初成道時，首先得度的憍陳如。

孟子言北宮黝「思以一毫挫於人，若撻之於市朝」。辱之難忍可知。割截身體，其辱已極。倘非菩薩深解般若，悟無生法理，無我、人等四相，如何能够安忍不動，不著忍辱的相呢？所以說：「我於爾時，無我相、無人相、無衆生相、無壽者相」。我於爾時——是佛說：我在被割截身體之時。無我相——是五蘊皆空，無能忍之我。無人相——是既無「我」作「人」的對待，當亦無所辱之人。無衆生相，壽者相——是生死如幻，不作我爲度衆生而修行，爲修行而犧牲身命之想。此卽所謂：因無我、人等相，故能不著忍辱相。

第二個「何以故」——是問：爲什麼要無我、人等相，才能不著忍辱相呢？向下的解答是：因爲若有我、人等相，就要起心分別而生瞋恨，不能住於空定，成就忍行了。所以說：「我於往昔節節支解時，若有我相、人相、衆生相、壽者相，應生瞋恨」。節節支解——是形容割截身體的慘狀，把手足耳鼻，一段一段的支離分解。若有我等句——是倘若著有能忍的我相；所辱的人相；我爲度衆生修行，爲修行而犧牲身命的衆生相，壽者相；就應當生瞋恨心。一念瞋心生，則向來所修的忍辱功行，就一旦廢棄了。忍行廢，則諸行亦因之而被阻。豈不成爲非法相了嗎？本經曾說：「若取非法相，卽著我、人、衆生、壽者」。此卽所謂：若有我，人等相，就不能住於空定，成就忍行了。

本文兩個「何以故」——前者，是正說無我、人等相之是。後者，是反說有我，人等相之非。反復發揮般若無住相行的中道義諦。乃我佛悲心深切的自然流布，不可看成嚕嗦。

須菩提！又念過去於五百世，作忍辱仙人，於爾所世，無我相，無人相，無衆生相，無壽者相。

菩薩因深解般若，了徹眞空無相之理，而能安忍割截身體之大辱，並非偶然。卽在歌利王以前久遠之世，早已行之有素了。像半偈捨身；一句投火；割股救鴿；捐軀飯虎等一例布施身命之事，難以數計。又念過去於五百世——卽追念歌利王以前之事。作忍辱仙人——就是做修忍辱行的菩薩。「仙人」是一般修行人的通稱，並非專指修長生不老，不忘有我的外道而言。於爾所世無我相等句——就是說：在如許久遠之世，已能深解般若，了徹眞空無相之理。否則，如何能作忍辱仙人。

「離相」是般若；「安忍」是禪定；「捨身」是布施；爲一句半偈而捐軀，曠世修行而不懈，是精進；前云持戒修福的人，能於般若章句，信以爲實，今菩薩不但能信，而且能夠深解大行，證無生法忍，其已嚴淨尸羅可知。如此說來，舉一忍辱，卽已具足六波羅蜜的法門，和信、解、行、證的程序。則貪瞋痴等的惑業可斷，修行的軌道可循。此佛所以耳提面命，惟恐說之不盡的悲心所在。

是故須菩提，菩薩應離一切相，發阿耨多羅三藐三菩提心。

「發阿耨多羅三藐三菩提心」，是本經的發端，最初須菩提就是以此啓請：「應云何住，云何降伏其心」的。世尊答以：「度無量衆生入無餘涅槃，實無衆生得滅度者，若有我、人等相即非菩薩，應無所住行於布施」等，已經把離一切相發菩提心的道理，說得很透徹了。**何以於此處說離「第一」和「忍辱」波羅蜜，以行六度之後，再度提及呢？**

答：爲闡明必須先以發離相的菩提心爲因，才能行離相的菩提道，證無上的菩提果，因行果位不相違逆的定理，所以要再度提及。「是故」——是指着上來第一波羅蜜，和忍辱波羅蜜的兩段文說：因爲這個緣故。「菩薩應離一切相，發阿耨多羅三藐三菩提心」，就是說：做菩薩的，應當把我、人、衆生、壽者、法、非法等一切諸相，不留纖芥的遣離淨盡，以發菩提心。因爲菩提心是平等慈悲的覺性，如有纖芥塵相未離，即是分別情識，就不能修菩提行，證無上道了。

不應住色生心，不應住聲、香、味、觸、法生心，應生無所住心。

本文是引用莊嚴佛土分裏的一段原文，僅將末句略爲變更而已。然前爲莊嚴佛土，必須生淸淨心而說此；今爲行菩薩道，必先離相發菩提心而說此。並藉之以闡明：行菩薩道，就是莊嚴佛土；生清淨心，就是發菩提心。此所謂萬變不離其宗，並非經文有重複的毛病。譬如：一隻金剛寶劍，前曾用以殺賊，今復用以降魔。正顯得運用的神奇變化，八面威風。今放下前文，避免嚕囌，玆就本文解釋如下：

上文說：「應離一切相，發阿耨多羅三藐三菩提心」。然「一切相」，是個抽象的名詞，究何所指？又怎樣的離？怎樣的發菩提心？似成問題。所以世尊特地告訴我們：所謂的「一切相」，不出本無所住，因不覺而住的色等六塵範圍。所謂的「離」，就是覺而不住。若覺六塵境相緣生無性，本無所住而不住，則一切相，無不盡離。若不覺六塵境相，本無所住而住，則非相成相，妄見差別，就不能發無緣大慈，同體大悲的菩提心了。所以說：「不應住色生心，不應住聲、香、味、觸、法生心，應生無所住心」。菩提心，就是這樣「生無所住心」而發的啊。

莊嚴佛土分裡，「應無所住而生其心」之句，一般的解釋為：「無所住」是不著於有；「生心」是不著於空；合起來，是兩邊不著的中道義諦。若更進一層的解釋，則為：「無所住」是連兩邊中道，悉無所住，並非但不住有。「生心」是生此「無所住心」，並非於此「無所住心」之外，別有所謂的清淨心可生，更非但不著空。但不著空所生的心，便是有所住心。觀此「應生無所住心」之句就可以恍然了。

若心有住，則為非住。

有住——即是有所住心。非住——即是非所應住。此為緊躡上文而說：倘若違反了「應生無所住心」的義趣，而竟生「有所住心」，便是於六塵境相，有所取著。如此，合塵則背覺，就不得謂之發菩提心了。所以說：「若心有住，則為非住」。

或疑既有所非住，亦必有所應住。因為佛曾說過：「菩薩但應如所教住」的話。於是向有所應住方面，苦心推求，所得到的結果是：所非住的是「相」；所應住的是「非相」。殊不知，「相」與「非相」，全在「住」與「不住」。住則非相亦相，不住則相亦非相。佛所說的「如所教住」，是順著須菩提所問「應云何住」的語氣而答的。況佛所教的「住」，乃是「無住」，並非「非相」。說至究極之處，就是「不住」，也不應住。一眞法界裏，那有所謂：相、不相、住、不住的分別呢？

是故佛說：菩薩心，不應住色布施。

本文是佛引前說與今說互證，使人對「不住相」的義趣，更易明瞭。乃指著上文「若心有住，則為非住」之句說：因此有住則非之故，所以我前在答須菩提所問「應云何住」時，就曾經說過：「菩薩心，不應住色布施」這類的話。不應住色布施下，還有不住聲等一句，何以但舉不住色呢？㈠因爲是舊話重提，所以舉其綱，便見其目，勿庸贅述。㈡六塵因著相而住，如無我相，則諸根皆無，誰緣諸境？然我相也是屬於色塵的一種，所以色塵恆挾我相以自重，駕乎諸塵之上，故特舉之以概其餘。

菩薩心，就是無所住心。若心有住：住於色，則眼根不淨；乃至住於法，則意根不淨；六根不淨，則不達眞空無相之理，充滿了分別知見。不但不能隨緣任運，布施六波羅蜜，行菩薩道，而且還要爲塵境所轉，陷入名聞利養的牢籠而不自覺。試看今日陽以少分布施爲釣餌，陰欲達其名聞利養之目的者，觸目皆是。此皆爲「有所住心」所逼迫，走進地獄門裡的現身說法。住與不住，一轉念間，相差竟有由菩薩至地獄，這末遠的距離，眞是「道心唯微，人心唯危」，豈不可怕？此卽以今說證明前說：非生無所住心，不能行於布施。

「布施」就是「捨」的意思：爲濟貧而捨財，謂之「財施」；爲覺他而捨法，謂之法施；爲救人危難，置生死於度外，謂之無畏施。生死尙置之度外，而況「色」等六塵，有所住心，而不能捨嗎？此卽以前說證明今說：非如是布施，不能生無所住心。

須菩提！菩薩爲利益一切衆生，應如是布施。

一切衆生——卽經初所謂：盡三界五趣所有的卵、胎、濕、化等九類衆生。利益——卽所謂：「令入無餘涅槃而滅度之」的眞實利益，不是如石火電光的世間虛利。利益一切衆生，是菩薩的本願。不住相布施，是成就此本願的功行。所以說：「菩薩爲利益一切衆生，應如是布施」。

布施的利益，能令一切衆生，入無餘涅槃。可知此布施，並非敎人修三界人天的有漏法，而是「不住相」的無漏妙法。菩薩固爲利益一切衆生，行如是布施。然非行如是布施，自己却不能成爲菩薩。雖爲利他，實兼自利。自利是修慧，利他是修福，自利利他，卽是福慧兩足，憑此兩足才能登涅槃彼岸。此不說自利，但說利益一切衆生者，爲我亦衆生故。

一講到法施，聞者便會誤會財施不如法施，遂致輕視財施而不行。殊不知，法施的「法」中，正含有財施的一項，不過不可著相罷了。如果著相，就是法施也不能自利利他。縱有利益，也不過是人天小報而不是無餘涅槃。

或問：三塗惡道的衆生，屬於「八難」中的三難，如何能令入無餘涅槃？答：惡道衆生，原爲著相而起惑造業，跟著因果輪廻的定律，從人天而墮，報盡仍返人天。如人、天都因「不住相布施」的利益，而入無餘涅槃，試問誰墮惡道？西方淨土，無三惡道，就是因爲沒有墮惡道的衆生。或又問：如果衆生都入無餘涅槃成佛菩薩，這個世界，不是就不成個世界了嗎？答：衆生業力所造的世界，是五濁惡世。佛菩薩功德莊嚴的世界，是極樂淨土。如果衆生都成佛菩薩，這個五濁惡世，便成爲極樂淨土了。所以善知識爲卽生了脫，解依般若，行歸淨土。難道說，你還不願成佛菩薩莊嚴淨土，甘願爲衆生造此五濁惡世嗎？

本文何以不直說，爲令一切衆生入無餘涅槃，應如是布施，而曰爲利益一切衆生，應如是布施呢？因「利益」二字，爲衆生所樂聞，不會發生驚、怖、畏的現象。其範圍，也可大可小，中下根的人，卽或行之不力，得不到「無餘涅槃」的大利益，也可分證小乘四果；或在世間做一番實現「忠孝仁愛信義和平」的偉大事業；再等而下之，也可爲官盡職，爲民守分，臨財不苟得，臨難不苟免，以消滅其先世罪業，而種來世善根。雖是出世法，又何妨用之於入世。此佛善巧方便，說法無碍之處，不可不知。

如來說：一切諸相，卽是非相。又說：一切衆生，則非衆生。

上文說：「菩薩爲利益一切衆生，應如是布施」的「如是」二字卽是指本文而言。意謂：菩薩爲利益一切衆生，必如是而離一切諸相，及一切衆生相而行布施。

衆生不出諸相之外，何以旣說「一切諸相，卽是非相」，又說「一切衆生，則非衆生」

呢？一切諸相，是指布施之法。一切衆生，則兼指布施的對象。所以從一切諸相中，開出衆生而別說之。

一切諸相，雖以我、人等四相，爲具體的表徵，若再歸納起來，不過一個「法」字。因「法」爲一切事物道理的總括：無論有形、無形；大大、小小；耳目之所聞見；意識之所分別；無非都是法的眷屬。諸法性空，本來無相，因諸緣聚時而現生相；諸緣散時而現滅相；生滅如幻，變化多端；儀態各別，類型不一；故名「諸相」。不但諸相如是緣生緣滅，卽緣生緣滅之緣，亦復如是。不但一相如是，卽相相、緣緣，乃至無邊法界，亦復如是，故曰「一切」。一切諸相，旣是生滅如幻，剎那遷變，當其生時卽是滅時，有時卽是空時，有空同時，無兩邊可著，則空有之二相卽非。空有之二相非，則法相與非法相亦非。若取法相、非法相，卽著我、人等四相，今法相與非法相旣非，則我、人等四相亦非。所以說：「一切諸相，卽是非相」。本經云：「若見諸相非相，則見如來」，見如來，卽是入無餘涅槃的眞實利益。涅槃經云：「見佛性者不名衆生。不見佛性者，是名衆生」。今衆生旣見如來，當然不得再名之謂衆生。所以說：「一切衆生，則非衆生」。

必如是而究竟了義，才能順諸法性空，而不住一切相；順諸法緣生，而行於布施。必以如是究竟了義之法，行於布施，才能利益一切衆生。

須菩提！如來是眞語者，實語者，如語者，不誑語者，不異語者。

本文是說：如來以上所說種種無住之義，都是眞實如理的話。毫無可疑之處。眞語者——凡如來所說的名言句文，都是教人返妄歸眞的。所以說是「眞語者」。實語者——凡如來所說的空義，如人、法等空；並非斷滅，亦非頑空，而是顯空而不空的實體。所以說是「實語者」。如語者——如來所說法，皆與萬法一如的理體相契合，離諸差別，證平等性。所以說是「如語者」。不誑語者——如來爲調伏衆生，有時以誘導方式說法，例如說：不住相布施的福德，是不可思量的。但這並不是騙人的話。所以說是「不誑語者」。不異語者——如來爲方便故，說法無定，然不定中，確有一定而不可移易的眞理。或說有以顯空；或說空以遮有；或說空有同時，雙照雙遮；千言萬語，無非爲衆生，破執除妄，並無二義。所以說是「不異語者」。以一「如來」，總攝五語，五語總冠一「如來」，說明如來性海，涵煦無邊佛法；無邊佛法，皆源流於如來性海。所以法法皆如；眞實不虛；離諸戲論；有何可疑？佛法勸信，是將眞理任人抉擇，所以剖析入微，不像外道那樣武斷，「信者得救」。

須菩提！如來所得法，此法無實無虛。

前在莊嚴佛土分裡，曾經說過：「如來在然燈佛所，於法實無所得」。但沒有說明無所得的理由。上文以五語勸信，又好像並非無法所得，若無法所得，「五語」就無所指了。惟恐聞者綜合前後二說，錯把信心偏著一邊。不是信有實法所得而著有邊；便是信無實法所得而著空邊。本文卽爲救正此偏信之弊，兼爲闡明前說「於法實無所得」的理由，而以「無實」破「有」；「無虛」破「空」。法爲因緣幻起，沒有實體，所以說是「無實」。然，亦非不假法而修行、而證性，所以說是「無虛」。「無實」便無法所得，不著有邊。「無虛」便非無法所得，不著空邊。雖非無法所得，而所得的法，却是「無法所得」的法——如來性體。既是「無法所得」的法，何妨爲方便而說「得」、說「法」呢？所以說：「如來所得法，此法無實無虛」。「五語」卽是指此「無實無虛」，「無法所得」的法語而言。並非別有所謂眞實諸語。

如來，是性德的稱謂。無實無虛，是性體的描述；也就是「如來」的釋義。本經云：「如來者，無所從來，亦無所去」。「無所從來」，卽是性本不生，不生則「無實」，無實卽是「空」。「亦無所去」，卽是性本不滅，不滅則「無虛」，無虛卽是「不空」。可見「無實無虛」，原是自證的「空不空」如來藏，並非別有所得的法。那末，如來所得法，豈非就

是如來所自證的「無實無虛」嗎？

如來性體，爲萬法一如，凡聖同具的本來面目。在聖不生，在凡不滅。惟因凡夫執「實」，不了性本不生之理，而逐「生」妄，不得入聖。二乘執「虛」，不了性本不滅之理，而沉「滅」空，不得成爲菩薩。所以說「無實」以遣凡夫之執，使了性本不生之理，而轉凡入聖。說「無虛」以遣二乘之執，使了性本不滅之理，而成菩薩。虛實雙遣，同時俱無，當下即是自己的本來面目——如來性體。

無實無虛，爲萬法究極之理，行人應隨遇作觀。如來無相，遇相便作「無實」觀。觀無實，則見如來；見如來即是無虛；以無虛故，一切無實；無實無虛，似相奪而實相成；似二而實一。例如菩薩在被割截身體之時，因觀五蘊無實，故能不生瞋恨；一念瞋恨心不生，則見如來成就無虛；以無虛故，度盡一切衆生，而無一衆生實滅度者，又成就無實。所以說無實無虛，似二而實一。吾輩學人，應如是信解受持，依教奉行。

須菩提！若菩薩心住於法而行布施，如人入闇，則無所見。若菩薩心不住法而行布施，如人有目，日光明照，見種種色。

本文是說：若一反上文所說：「無實無虛」之義，執有實法而行布施，就像人進入了黑闇的境界，一無所見似的。若依「無實無虛」之義，不執有實法而行布施，就像有眼的人，在日光明照之下，能見種種色相一樣。

無住相布施之義，前已爲發菩提心而說在經初，今再爲行菩提道而反復說之於此者：乃明前爲修如是行而發如是心；今因發如是心而修如是行；因行如是，果亦非他。

「菩薩」是修行人的通稱，卽經初所謂的「善男子、善女人」。其所發的「阿耨多羅三藐三菩提心」，卽是「菩薩心」。本經云：「如來所得阿耨多羅三藐三菩提，於是中無實無虛」。覺察諸法如幻，故曰無實。具足平等無量功德，故曰無虛。無實無虛的如來法，卽是菩薩所發之心的寫照。

菩薩發無實無虛之心，原爲利益一切衆生，行無實無虛的布施之法。「佛說一切法，爲除一切心，若無一切心，何用一切法」。可知妄心如幻，布施之法，亦是爲除妄證眞而假設，並非實有，故曰無實。雖說無實，其爲除妄證眞的因果，却是無虛。因無虛故，不可不行布施；因無實故，不可住布施之法。否則！若心有住，則能所對立，根塵處界，無明妄相，翳然成障，卽非無實。非無實故，不見佛性，功德全無，亦非無虛。這譬如人進入了黑闇的境界，一無所見似的。所以說：「若菩薩心，住於法而行布施，如人入闇，則無所見」。

若菩薩心，了達無實無虛之義，雖行布施而不住布施的法相，則能所雙忘，根塵處界，一時脫落，成就無實。因無實故，般若智光，如日麗中天，無所障碍，照見種種無明色相，當體卽空。於色空處，見空卽色，色空雙冥，實相現前，性具無量功德，於是乎圓成。這譬如有眼的人，在日光明照之下，能見種種物色一樣。所以說：「若菩薩心，不住法而行布施如人有目，日光明照，見種種色」。

須菩提！當來之世，若有善男子，善女人，能於此經受持讀誦，則爲如來以佛智慧，悉知是人，悉見是人，皆得成就無量、無邊功德。

本文是把前來所說種種離相布施的功德，都歸之於受持讀誦，如非受持讀誦，何以能行離相布施，利益一切衆生而成佛成菩薩呢？

「當來之世」，是漫指佛滅度後，無限期的未來際，較前來所說的「後五百歲」，更久遠得不可說了。然，後五百歲能於此經章句生信的人，已屬善根深厚，爲如來所悉知悉見，得無量福德；何況當來不可說久遠之世，能於此經受持讀誦的人，而不爲如來所知見，成就無量無邊功德嗎？

「受持」，是依教奉行。「讀誦」，是爲他人說。如：今之議會，有三讀通過的議事程序：孟子有「臣請爲王誦之」之句；吾教有半月誦戒的律儀；都是爲他人說之義。既是依教奉行，必當爲他人說，否則！卽違反教義，所以說：「受持讀誦」。若把「讀誦」二字，當作但解經義來講，應當是：受持其所讀誦，因受持而讀誦。若把受持和讀誦，看成兩橛，則受持將無所依據，讀誦亦無功德之可言。

此經是無上正等正覺，眞空無相之法，若受持讀誦，則能離相而背塵，見如來而合覺。既與如來的覺性相契合，便爲如來以佛的智慧光明所攝護，悉知是人，悉見是人。譬如站在太陽底下的人，沒有不被日光所照見的。是人既爲如來所攝護，其功德的成就，可想而知，決定是無量無邊的。利益一切衆生而行布施，是其功無量無邊；不住布施之相，是其德無量無邊。如是功德皆得成就，便是佛菩薩。

第十五分　持經功德

讚詩

目空一切是奇男　說與行人仔細參
發憤爲雄非小可　如來家業仗荷擔

概論

本分是總結前來所說諸法，作第四次「布施」與「持經」相較，以顯經功福德的殊勝。第三次相較，顯「受持四句偈」之福，勝於恆沙身命布施。此次則更進一步，顯「信心不逆」之福，勝於一日三時以恆沙身命布施，而且繼續不斷至無量億劫之久。信心不逆之福，尙具有如是之勝，何況書寫受持讀誦，爲人解說，其福豈不更勝嗎？何以故？身命畢竟是生滅妄相，其布施的利益，於時有盡。信奉此經，則能自覺覺他，成就荷擔如來無上菩提，得不可思議，不可稱量，無邊功德。然此經，非發大乘和最上乘的人，不能聽受讀誦，爲人解說，因爲發大乘最上乘的人，已破見、相二分，了人、法二空；樂小乘法的人，尙餘見分未破，法空未了之故。所以說：『如來爲發大乘者說，爲發最上乘者說……若樂小法者，著我見、人見、衆生見、壽者見，則於此經，不能聽受讀誦，爲人解說』。因持說此經的功德，有如是之勝。所以一切世間天、人、阿修羅等，對經典所在之處，皆應供養恭敬，如佛塔廟一般。

述　要

須菩提！若有善男子，善女人，初日分以恒河沙等身布施；中日分復以恒河沙等身布施；後

日分，亦以恒河沙等身布施；如是無量百千萬億劫以身布施。

本文是第四次欲顯經功福德之勝，依於前例，假設一極大布施的福喻。「初日分、中日分、後日分」，是把一天的時間，分作三分，等於我們現在所說的：「上午、中午、下午」一樣。以一身布施，已非凡夫之所能爲，況以恒河沙等的多身布施嗎？一日三時以恒河沙等身布施，已屬不可能之事，況於無量百千萬億劫，以身布施嗎？然！非設此身施之喻，不足以顯法施之勝。非設此長劫以恆沙身施之喻，不足以顯經功福德不可稱量之勝。非設此不可能的身施之喻，不足以顯經功福德不可思議之勝。

然以菩薩視之，一身命布施，不過是一生滅而已。一彈指頃有九十刹那，一刹那有九百生滅，刹那一念以身布施，已攝無量劫恆沙身命布施盡，何況神通變化，分身無量呢？以一身命布施之福，已非其他財施所能及。以無量劫數恆沙身命布施之福，則更非想像所能及。然！較諸持經的福德，猶弗如遠甚者，其理由安在？向後當說。

若復有人，聞此經典，信心不逆，其福勝彼。

若復有人——是另有其人，表示不是布施身命之人。至誠無僞謂之「信」。違背眞理謂之「逆」。以至誠無僞之心，順乎般若眞理，一信到底，不暫違逆，謂之「信心不逆」。然！信心不逆，必有其因果，無因則信心無從生起；無果則無福可以勝彼。惟能深解般若眞理，破除惑障，纔能建立起不逆的信心；惟此不逆的信心，才能順乎般若眞理，一信到底。可知「信心不逆」和「深解般若」，是互爲因果的。信心旣與般若眞理，不暫違逆，則凡屬此經所教，自當一一奉行。於一一奉行時，更增上其不逆的信心。可知「信心不逆」和「依教奉行」，也是互爲因果的。由此看來，「信爲道源功德母」，這話誠然不錯。所以當信心不逆時，卽是「荷擔如來阿耨多羅三藐三菩提」的開始。這種功德，豈不超然勝彼長刧以身布施的福報嗎？所以說：「聞此經典，信心不逆，其福勝彼」。

何況書寫，受持讀誦，爲人解說。

「何況」二字，是推進之詞。上文說：「信心不逆，其福勝彼長刧以身布施」，何況書寫受持讀誦，爲人解說，其福豈不更勝於彼嗎？古時經卷，全靠書寫，以廣流傳。今世科學昌明，以印刷代之，事不及半，而功則百倍。然！猶有泥古之士，定以書寫爲功德，往往災梨殺青，一卷之功未竟，而歲月已盡，竊以爲不可。上分釋：「受持」是依教奉行；「讀誦」是爲他人說；依教奉行，必當爲他人說；因爲爲他人說，乃本經之所教故。本文復於「受持讀誦」，開出「爲人解說」一句，爲不解「受持讀誦」的人，方便下一註脚，使知「受持讀誦」，便當把經中的義理，爲人分析剖解而詳說之。否則，就不成其爲「受持讀誦」了。

乍從文字表面來看，好像「受持讀誦」是自度，「爲人解說」是度他。若仔細諦審，本經最初卽敎菩薩發心以度盡一切衆生爲自度，於法無住而行布施。便知所謂自度者，卽是度他；度他者，卽是自度。那末，受持讀誦，豈非就是爲人解說；爲人解說，豈非就是受持讀誦嗎？所以不能定說「受持讀誦」是自度，也不能定說「爲人解說」是度他。總而言之，書寫、讀誦、爲人解說，都是「受持」二字的註脚。就是說：必須書寫、讀誦、爲人解說，而行法施，以度衆生爲自度，才是受持——依敎奉行。既依此經所敎，而如是奉行，則此經所敎的是：發菩提心；行菩提道；證菩提果。豈身施所可比擬。所以當信心不逆，將要依敎奉行時，其福卽已勝彼。何況已經依敎奉行，其福豈不更勝於彼嗎？

須菩提！以要言之，是經有不可思議、不可稱量、無邊功德。

「以要言之」——是將信奉此經之福，所以勝彼長劫以身布施的理由，作一扼要說明。

「不可思議」等句——是指無相、無不相的「實相」而言。心境雙忘，無念無得，故不可思；思尙不可，云何可議？是爲「無相」。凡經中所說遣相之類，皆屬於此。以其無相，故能不拒一切相，隨緣度化，應變無方。法無定相，故不可稱；法海淵深，故不可量；是爲「無不相」。凡經中所說不壞假名，及布施之類，皆屬於此。無相，則不著於有；無不相，則不著於空；有、空兩邊不著，故曰無邊；是爲無相、無不相之「實相」。凡經中所說則非是名，及離相名佛之類，皆屬於此。

此經要義，已萃於此。若依教奉行，以無相自覺，無不相覺他；他復自覺覺他，展轉利益無邊衆生，同登覺岸，證菩提果。如此不可思議，不可稱量，無邊功德，豈有不勝長劫以身布施的福報之理？

如來爲發大乘者說，爲發最上乘者說。

上文所說是經有不可思議等功德，非有大乘和最上乘根器的人，不克成就。所以說：「如來爲發大乘者說，爲發最上乘者說」。

「乘」——爲車船乘載之義。佛法能乘載因地行人到達果地，所以名之爲「乘」。「阿羅漢」執空爲法，有智無悲，自了生死，不度衆生，名曰「小乘」。菩薩空有不著，悲智雙運，上求佛道，下化有情，名曰「大乘」。此經教「菩薩」發「無所住」心，廣行六度，利益一切衆生，所以說：「爲發大乘者說」。諸佛圓成無上菩提，修無所修，證無所證，兼菩薩、二乘、異生而並度之，名曰「最上乘」。本經云：「一切諸佛，及諸佛阿耨多羅三藐三菩提法，皆從此經出」，所以說：「爲發最上乘者說」。

法華方便品云：「一切衆生，皆可成佛，十方佛土中，唯有一乘法，無二亦無三，除佛方便說」。可知所謂「發大乘」、「發最上乘」者，不過爲度衆生成佛的方便說法而已。衆生信受此經，悟淺則可成菩薩，悟深則可成佛，並非此經有「大乘」和「最上乘」的兩種說法。

若有人能受持讀誦，廣爲人說，如來悉知是人，悉見是人，皆得成就不可量、不可稱、無有邊、不可思議功德。如是人等，則爲荷擔如來阿耨多羅三藐三菩提。

皆得成就的「得」字，據江味農居士考證，爲明朝以後人所加，唐宋以前本，無此「得」字。並爲不應加此「得」字的理由發表讜論，斥加者爲謗佛謗法，竊意不敢苟同。茲節錄其說如下，並略與辨證。他說：「加者之意，必以爲初發心人豈便成就，不過當來可得成就耳，疑其脫落，遂加入之。殊不知，此中所說成就功德，是指荷擔如來，非謂便成如來也（中略）。不但有誤法誤人之過，竟犯謗佛謗法之嫌矣」。

竊謂：佛法自入中土以來，展轉譯傳，所謂：「書寫、受持、讀誦、爲人解說」者，不計其數。莫說各隨其時代語言文字的變革，見仁見智，不能盡同，卽玄奘、羅什二大法師所譯，亦頗有出入（玄奘譯本爲皆當成就），其他各家所譯，出入更大，何得因一字之增減，而厚非於人。況此「得」字的訓解爲「獲」，雖亦與「可」字互通，但加者的意思，是按文法給「成就」二字添一助動詞，在「獲」而不在「可」。是說：「現前獲得成就」，並非說：「當來可得成就」。如爲保存古本，不加「得」字則可，若謂加一「得」字，便有謗佛謗法之嫌，未免言之過甚。又何況大藏所攝羅什的譯本裡，原爲「皆得成就」怎見得是明朝以後人所加？

上來說，「是經有不可思議」等功德，非發大乘和最上乘的人，不克成就。本文所說：「能受持讀誦，廣爲人說」者，便是此種發大乘最上乘的人。所以爲如來所知見，而悉予攝護。可知是人所成就的「不可量」等功德，正是上來所說的「是經有不可思議」等功德。略變其詞，顚倒爲說者，完全爲加重形容功德勝妙的語氣。試一玩味便知。若以爲此功德非彼功德，豈非因果互違，事理不融了嗎？萬勿在顚倒開合的文字相上，過事推敲，自找困惑。

「如是人等」——是指信心不逆，受持讀誦，廣爲人說等人而言。「荷擔」——就是負起弘揚佛法，度一切衆生的責任。「阿耨多羅三藐三菩提」——是如來所得的無上正等正覺法。卽一切眞理的無上智慧。信心不逆者，爲荷擔此法；受持讀誦，廣爲人說者，爲荷擔此法；成就「不可量」等功德者，也是爲荷擔此法。所以說：「如是人等，則爲荷擔如來阿耨多羅三藐三菩提」。

何以說，信心不逆者，是爲荷擔此法呢？本經開宗明義，即教發此無上菩提心，行無住相布施，發心如是，信心豈不如是嗎？所以說，信心不逆者，爲荷擔此法。何以說，受持讀誦，廣爲人說者，是爲荷擔此法呢？本經云：「諸佛阿耨多羅三藐三菩提法，皆從此經出」。今聞經解義，如法持說，非爲修「無住相」行，自覺覺他，證此無上菩提之法而何？所以說受持讀誦，廣爲人說者，爲荷擔此法。何以說，成就不可量等功德，也是爲荷擔此法呢？本經云：「是法平等，無有高下」，如何可量？「無有定法名阿耨多羅三藐三菩提」，如何可稱？「如來所得阿耨多羅三藐三菩提，於是中無實無虛」，如何有邊？無上菩提，眞空無相，非有、非無、非亦有無、非非有無，言語道斷，心行路絕，如何可以思議？所以說，成就不可量等功德，也是爲荷擔此法。

如是人等，一肩擔起如來的無上菩提妙法，誓度一切衆生，同證如來，可謂任重而道遠。較彼身命布施的有爲法，豈不勝妙殊絕嗎？

何以故？須菩提，若樂小法者，著我見、人見、衆生見、壽者見，則於此經不能聽受讀誦，

爲人解說。

「何以故」——是設問：何以非發大乘最上乘的人，不能聞經解義，如法持說，成就荷擔如來的無上菩提呢？「若樂小法者」——倘若不是發大乘最上乘者，而是喜好小乘法的人。「著我見、人見、衆生見、壽者見……等」是反讚大乘爲是，正斥小乘爲非的話。問：前來屢說着相，到此忽說著見，是何理由？答：由心所現之境爲相，能起緣境之心爲見。如無緣境之心，則無所現之境，所以楞嚴經云：「由心生故，種種法生」。足知著見乃著相的根本，遣相必從遣見入手，方爲徹底。前說著相，是爲發心者戒。今說著見，是爲行者指示要訣。循序漸進，由淺入深，乃世尊之大智。

問：阿羅漢，已斷見思二惑，見惑中的「身見」，即是「我見」，何以猶斥小乘爲著「我見」呢？答：身見是約所執的境相而言，我見是約能執的迷情而言。小乘但空「身見」，了五蘊假合的色身非我。未空「我見」，轉執空我的五蘊之法爲實。似是捨我取法，實則二執並存。何以故？如無我見，憑誰取法。一有所取，則諸相紛然。所以說：「若樂小法者，著我見、人見、衆生見、壽者見。」

如此眞空無相的金剛般若，殊非尙著我見的小乘人所能聽。聽尙不能，何況受持讀誦，爲人解說？所以說：「則於此經，不能聽受讀誦，爲人解說。」

須菩提！在在處處，若有此經，一切世間天人阿修羅，所應供養，當知此處則爲是塔，皆應恭敬，作禮圍繞，以諸華香而散其處。

此經賴展轉弘揚之力，無處不在，所以說：「在在處處，若有此經」。此經爲無上菩提妙法，能度徧法界盡未來際的衆生，出離生死，同證涅槃。所以說：「一切世間天、人、阿修羅，所應供養」。盡此一報身，爲成就荷擔無上菩提，紹隆佛種而犧牲，即是供養。倘非如是供養，不但此經不能無處不在，恐怕比三武之難，還要消滅得更加徹底了。天、人、阿修羅，爲六道中的三善道，應先惡道衆生負責供養，並非把惡道衆生，屏絕於法界之外，但言天、人、阿修羅而不及獄、鬼、畜生。

「此處」——是此金剛般若所在之處。「塔」——爲供佛舍利，高顯勝妙之所。此經爲佛之法身；舍利爲佛之報身。對供佛舍利之塔，應當知道恭敬。對此經所在之處，也應當知道恭敬。因法身與報身不異，此處與是塔無別。所以說：「當知此處，則爲是塔，皆應恭敬，作禮圍繞，以諸華香而散其處」。作禮、圍繞、散華，都是恭敬的儀式，表示法輪常轉，法味芳香之意。又作禮表示歸向，圍繞表示擁護，散華表示清淨莊嚴。以是塔例此處，意在此處與是塔並重。此處爲經之所在，恭敬在經而不在處。經爲菩提道之總持，尊經即是重道。既知菩提道之應尊應重，未有不知應解、應行、應證之理。此佛說本文勉人的深心所在，不可不知。

第十六分　能消業障

讚詩

三塗剿絶罪魔王　韜略全憑無住章
功德何勞佛具說　菩提自證自擔當

概論

上分作第四次校德所顯持經功德的殊勝，猶有未盡之義，復於本分續說如下：㈠受持讀誦此經，能使應墮地獄、餓鬼、畜生等三塗惡道的先世罪業，消滅於將墮未墮之時。因先世罪業，爲無明妄惑之所造，受持讀誦此經，能斷除妄惑，當得無上正等正覺之故。㈡又作第五次校德，顯受持此經功德，不但較長劫以身布施爲勝，且較佛在未遇然燈之前，無量劫中所供養多佛的功德爲尤勝。不但勝，而且勝得非任何算數譬喻之所能及。㈢又說受持此經功德，雖屢屢說之，然，尚未完全具說。若完全具說，恐怕聞者驚怖，心卽狂亂，反於般若無住眞空之理，狐疑不信。但能依教奉行，所得功德，不待具說，自然證知。當知此經的義趣，是菩提妙法；所得的功德，是菩提妙果；不是心思所能緣慮，言說所能形容的。

述要

復次！須菩提，善男子，善女人，受持讀誦此經，若爲人輕賤，是人先世罪業，應墮惡道。

前來屢說：隨說是經，及經所在處，當爲天、人、阿修羅等所供養恭敬；受持讀誦此經，爲如來所悉知悉見；以及成就功德的勝妙，如何！如何！於事於理，固無不當。然！尚有受持讀誦此經，反爲人所輕賤之事，不知作何解說？難免有人持此理由，疑前來諸說，謂爲河漢。故於本分續爲闡發，以釋羣疑，所以首加「復次」二字。

「輕賤」——是供養恭敬的反面。凡無端被人憎惡、誣衊、毀辱等拂逆之境，皆屬之。「受持讀誦，若爲人輕賤」——並非所有受持此經的人，概爲世人所唾棄，不過間或有人，因其先世（過去不定何世）所造的罪業，是五逆十惡，應於來世墮入地獄、餓鬼、畜生等三塗惡道之故，所以才於將墮未墮的今世，爲與其業債有關的人所輕賤而已。

問：應墮惡道的罪極重，爲人輕賤的報甚微，何以知是人先世罪業，不是應爲人輕賤，而是應墮惡道呢？又何以應墮惡道而不墮，僅獲爲人輕賤的微報呢？

答：倘非是人先世罪業應墮惡道，如何能在因善根深厚而受持讀誦此經，爲天人所敬重，如來所護念的今世，猶不免爲人所輕賤呢？倘非是人因善根深厚而受持讀誦此經，爲天人所敬重，如來所護念，如何能使其先世所造應墮惡道的罪業種子，纔露爲人經賤的萌芽，便被消滅於無形呢？可見受持讀誦此經，反爲人輕賤，乃「因果」法的正常發展，並無可疑之處。

因果輪廻，善惡報應，如立杆見影，毫髮不爽，惟因業力有勝劣，報應有遲速，絕無不報，亦絕無錯報之理。譬如：種瓜必定得瓜；種豆必定得豆；惟視其種子成熟的早晚，而定其結果的先後。所以有現世作業，現世獲報；前世作業，後世獲報；前前世作業，後後世獲報的種種差別。諺云：『善惡到頭終有報，只爭來早與來遲』。又云：『作惡必滅。作惡不滅，先世必有餘德，德盡則滅。爲善必昌。爲善不昌，先世必有餘殃，殃盡則昌。』傳燈錄有云：『欲知前世因，今生受者是。欲知後世果，今生作者是。』凡夫不了業含三世，異熟果報之理，每見善人偶遇逆境，惡人偶獲善利，便爾撥無因果，誹謗佛法。甚至修行人，亦有因此而退轉道心的。所以佛說本文以救此失。

因果法中，功罪不能相抵，善惡不能對消，持經功德，何以能使重罪輕報，乃至消滅、向下當說。

以今世人輕賤故，先世罪業，則爲消滅，當得阿耨多羅三藐三菩提。

本文應合上文統觀，若但以本文作解，便成：是人先世罪業，應爲人輕賤，因今世已獲爲人輕賤之報故，所以先世罪業，則爲消滅。如此則上文「應墮惡道」之句，就沒有着落了。所以非合上文統觀不可。

上文說的是：受持讀誦此經，本不應爲人輕賤，若爲人輕賤，便是其先世罪業，應墮惡道，因爲持經功德的超勝之故，僅以爲人輕賤的微報，了却此一樁公案。所以本文接著說：「以今世人輕賤故，先世罪業，則爲消滅，當得阿耨多羅三藐三菩提」。可知先世罪業之所以能够消滅的原因，不是爲人輕賤，而是持經功德的超勝。罪業消滅，不過是當得阿耨多羅三藐三菩提的先聲。當得阿耨多羅三藐三菩提，纔是罪業消滅的究竟所以。

問：善有善報，惡有惡報，因果如是，定業不移。雖世俗法理，亦不許以救多人之功，抵殺一無辜之罪。功歸於償，過歸於懲，早晚必報。何以持經功德能使宿世重罪，根本消滅呢？

答：衆生自無始來，爲貪瞋痴等無明煩惱所惑，著相迷性，心隨境轉，造諸惡業，受諸苦報。此惑、業、報名謂三障，因其能障正道故。障雖名三，實止一惑，因報由業牽，業由惑造故。所以欲入正道，必須斷惑；惑斷，則業報就隨之而消滅了。然世無斷惑除障，證無上道的超勝之法，最勝不過修有漏善業，感人天福報。如其先世罪業，應墮惡道，亦未必能勝，縱能暫勝一時，遲早報盡，依然要墮，絕無倖免的可能。這就是所謂因果如是，定業不移之理。我佛出世，即爲此一大事因緣，說無量法，敎衆生斷惑除障，證無上道。無量法中，尤以此金剛般若是離相見性的直超殊勝妙門——最上乘經。若受持讀誦此經，縱令先世罪業，應墮惡道，且已爲人輕賤，暴露墮端，遭之則如洪鑪點雪，剎那滅盡。因其能依敎奉行，生「無所住」心，了人、法二空；旣無能造之心，那有所造之業；旣無能受之我，那有所受之報故。（初祖安心，二祖懺罪，皆因覓心無處，罪不可得而悟道。）如是修離相見性超勝之因，當得無上菩提超勝之果。豈但滅罪而已。惡道將墮，必先見爲人輕賤的徵兆。菩提當得，必先滅宿世所造的罪業。這就是持經功德，能使宿世重罪根本消滅之所以然。

須菩提！我念過去無量阿僧祇劫，於然燈佛前，得值八百四千萬億那由他諸佛，悉皆供養承

事，無空過者。

本文是先學佛自已在過去無量劫之久，供養承事諸佛之多，爲下文第五次校德顯持經功德之勝的張本。「劫」——是梵語劫波的簡稱，譯謂長時。日、月、年數謂時。世界成、住、壞、空的期間謂劫。人壽自十歲起，每百年增加一歲，增至八萬四千歲，爲一增劫。復自八萬四千歲起，每百年減去一歲，減至十歲，爲一減劫。合此一增一減，爲一小劫。二十小劫爲一中劫。世界成、住、壞、空等四期，各經一中劫，共四中劫，爲一大劫。「阿僧祇」——譯謂無央數，卽無窮極之數。劫的年數，已無法計算，何況無量阿僧祇劫。而且這段時期，是在古佛然燈之先，佛遇然燈後，至說此經時，還沒有計算在內。如此久遠之世，殊非世間算數譬喩之所能及，凡夫之所能知。惟以佛智觀之，則不出一念。所以說：「我念過去無量阿僧祇劫，於然燈佛前」。「値」——是遇合之義。「那由他」——是數名，相當於本土的一萬萬。又以一萬萬爲單位，積至八百四千萬億倍，其數字亦足驚人。以那末久遠的劫數，當然要遇這末多佛出世，所以說：「得値八百四千萬億那由他諸佛」。「供養承事」——供給飲食、衣服、用具、藥物等叫做事供養；恭敬讚嘆叫做法供養，依法修行叫做行供養。左右事奉叫做承事。雖遇諸佛，若不供養承事，則是虛度光陰。若有供養，有不供養，則是不精勤。何以能成如來？所以說：「悉皆供養承事，無空過者」。

或問：以此經所說，釋迦修行的一段過程，已是無量阿僧祇劫了。何以諸經論多說修行成佛須三大阿僧祇呢？答：阿僧祇，是無窮極之數，數既無窮，那裡還可以再分幾個無窮呢？所謂三大阿僧祇者，是從修因到證果，分三個時期，每一時期的久遠，皆不可以數計，但可以阿僧祇說，並不是說有三個阿僧祇。如：唯識以地前住、行、向等爲初阿僧祇；初地至七地爲二阿僧祇；八地至十地爲三阿僧祇。（餘皆類推）本經說無量阿僧祇者有二義：一是渾說然燈佛前的一段時期，以示與他經分說有別。二是以無量形容阿僧祇。總之：說無量阿僧祇，說三大阿僧祇，無非極言其劫數之多，不可拘泥一說。

若復有人，於後末世，能受持讀誦此經。所得功德，於我所供養諸佛功德，百分不及一，千萬億分，乃至算數譬喻所不能及。

持戒生信分裡，所說的「後五百歲」，是指末法初期。這裡所說的「後末世」，是指末法後期，或通指末法之後。末法之後，較末法之初，去佛更遠，受持讀誦，較持戒生信，入道更深。然末法之初，持戒生信的人，已於無量千萬佛所，種諸善根，得無量福德，那末！末法之後，受持讀誦者的善根福德，豈非更勝嗎？所以前來四次校德，皆以七寶、身命等布施爲喻，以顯持經功德之勝，此番非以供養無量諸佛爲喻，則不足以顯持經功德之勝了。

「若復有人」的「若」字，是設或之義。可見末法之後，能受持讀誦此經的人，甚爲希有。所以佛說：「所得功德，於我所供養諸佛功德，百分不及一，千萬億分，乃至算數譬喻所不能及。」意謂：受持讀誦此經功德，於（於與同）我所供養諸佛功德相較，供佛功德的百分，尚不及持經功德一分。不但百分，就是千萬億分，乃至算數譬喻分，都不能及。

問：佛佛道同，世尊供養諸佛，豈有不聞此經之理，何以他供佛功德，不及受持此經之甚呢？答：末法之後的衆生，業深障重，但知四事供養，而不知依法修行爲供養之最。或知依法修行，而不知此金剛般若，爲最能消除業障，斷惑證性的究竟之法。所以佛特爲說此以示警惕。梁武帝一生造寺布施，設齋供僧，問達摩祖師：「有何功德」？達摩說：「並無半點功德」。後韶州韋刺史，不解此意，因問六祖，六祖說：「造寺布施，設齋供僧，只能感人、天福報，豈可將福報與功德混爲一談，要知功德在自性中，非供養布施之所能求」。使梁武曾受持此經，何致修齋設供妄圖功德呢。

須菩提！若善男子，善女人，於後末世，有受持讀誦此經，所得功德，我若具說者，或有人聞，心卽狂亂，狐疑不信。

前來作五次校德，以顯持經功德之勝，在凡夫視爲嚕嗦，在佛則尙未完全具說，必須還要繼續的分層說下去，直說到第八次爲止，也不能將悟後的淨妙境界完全說盡，恐衆生不耐，爲慈悲攝護故，不得不把不能具說的理由在此作一申明：「我若具說者，或有人聞，心卽狂亂，狐疑不信」。（狐是一種野獸，其性多疑，所以喻人猶豫不定爲「狐疑」。）就是說：倘若我把持經功德的淨妙境界，不依淺深次第，設喻校顯，而竟卒然具說，則衆生聞者，或妄求功德，心生邪見，而顚狂惑亂；或求之不得，反以我說爲虛妄，而於般若眞理，狐疑不信。

若不說功德，則無以誘導衆生，受持此經，得大解脫。若具說功德，則衆生反因求功德而心卽狂亂，狐疑不信。所以功德不能不說，也不能具說，只宜分層剖析，引喻校勝。使知所謂功德者，在於離一切相，見自性如來。本自具足，何須妄求；非證莫知，何可具說？

須菩提！當知是經義不可思議，果報亦不可思議。

「是經義」——是大乘至極的「第一義空」。何謂第一義空，就是離言說相、名字相、心緣相、一切相俱離的眞空之義。對小乘的偏空、外道的斷滅空、凡夫的頑虛空而稱爲第一，以顯獨勝之義。離心緣相，故不可思；離名言相，故不可議；所以說：「是經義不可思議」。依是經一切相俱離之義；修一切相俱離之行；證一切相俱無之性。如是因，如是果，因既不可思議，所以說：「果報亦不可思議」。

凡經中，如：「皆不可取，不可說。所謂佛法者、即非佛法」等類之句，皆是義不可思議。「三十二相，卽是非相。是實相者、則是非相」等類之句，皆是果報不可思議。受持讀誦此經，不可不知。所以說：「當知是經義不可思議，果報亦不可思議」。

果報，卽是所得功德。若知果報不可思議之理，則知功德不能具說，必須次第引喻顯勝之故。若知經義不可思議之理，則知所以修離相之行，就不至於顚狂惑亂狐疑不信了。

第十七分　究竟無我

讚詩

諸法從來本一如　高低上下盡匡廬
嶺峯橫側亦非別　試讀法王無我書

概論

須菩提在佛說罷經義與果報二皆不可思議之時，想著前來經義所明，多是教衆生發菩提心，證菩提果，今又說經義與果報，是離名絕相，不可思議的。恐衆生聞者，將疑發心便是住相，不可思議便是降伏，爲什麽前來既說菩提心應住，現在又說不可思議的降伏呢？所以代衆生向世尊請示的說：「善男子、善女人，發阿耨多羅三藐三菩提心，云何應住？云何降伏其心」？世尊答以「無有法發菩提心」，斷其發心便是住相之疑，兼明離相就是發菩提心。又引在然燈佛所，因爲無法得菩提而蒙授記作佛的事實爲證。復以諸法如義、無實無虛、乃至莊嚴佛土即非是名等，展轉互釋，而申明其義。最後勖勉菩薩，若能如以上所說的道理，而通達究竟無我、法者，如來說他眞是菩薩。

述　要

爾時須菩提白佛言：世尊！善男子，善女人，發阿耨多羅三藐三菩提心，云何應住？云何降伏其心？

「爾時」——是佛說罷經義與果報，二皆不可思議之時。這時須菩提忽然想起，佛前來曾經說過：「一切諸佛，及諸佛阿耨多羅三藐三菩提法，皆從此經出。應離一切相，發阿耨多羅三藐三菩提」等一類的話。是則「阿耨多羅三藐三菩提」，既是經義，又是果報，又是菩薩所應發的心。若都離名絕相，不可思議，將何以發此心，豈此所發的菩提心，亦應離相降伏嗎？若亦應離相降伏，與不發心有何區別？若不應離相降伏，一發心！豈能沒有能發與所發的我、法二相嗎？所以請問世尊：「云何應住？云何降伏其心？」意思是說：發菩提心，亦是住相，爲什麼一切相應離，獨此菩提心應住呢？既然應住，又爲什麼說離相降伏呢？

問：須菩提前已深解義趣，何以此時尚不了離一切相，即是發菩提心，除離一切相外，別無菩提心可發，而作是問呢？答：長老豈有不解之理？惟念現前當來的鈍根衆生，難免執著文字言說，發生這樣不應發生的疑問；爲慈悲故，代爲啓請更進一步的方便開示。

佛告須菩提：善男子，善女人，發阿耨多羅三藐三菩提者，當生如是心，我應滅度一切衆生，滅度一切衆生已，而無有一衆生實滅度者。

本文是給上文所問：「云何應住」兩句的方便開示。上文的疑問，是由錯會發菩提心不能不住我法二相而起。本文的開示，是根本沒有可發的菩提心，那裏有我法二相可住呢？既無相可住，有何降伏之可言？。

發阿耨多羅三藐三菩提下，除一「心」字，爲針對錯會發心住相之病，明菩提是覺而非心。衆生因住相而不覺，所以要發覺。問：楞嚴經云：「由心生故，種種法生」，何以說發無上覺者，當生如是心呢？答：「如是」二字，是指以下三句，且看這三句所說的是什麼心，自然就明白了。玆臚列如左：

㈠「我應滅度一切衆生」——一切衆生，著相迷性，背覺合塵，沉淪生死，出苦無期。滅其妄相，度其生死，使之背塵合覺者，乃菩薩應盡的責任。今不說菩薩應滅度，而說我應滅度者，是明我卽菩薩，而不以菩薩自居，因已了達無我法故。

㈡「滅度一切衆生已」——一切衆生，無量無邊，如何能够完全滅度，然！非完全滅度，誓不罷休。言下大有爲滅度一切衆生故，雖入地獄，爲羊、爲鹿，在所不惜之意。其忘我的精神更勝於前。

㈢「無有一衆生實滅度者」——衆生之相，是諸緣假合；衆生之名，是依他假立；名相俱假，本自涅槃。縱能完全滅度，也不過是還其本來而已。那裏有一個衆生實滅度呢？既無一衆生實滅度，那裡有能滅度的我，與所滅度的法呢？此三空俱顯，較前尤勝。

以上三句所說，就是所謂當生的如是心，直把我法二執，凡聖等見，掃除得無影無蹤，那裡有什麼菩提心可住呢？此無所住心，卽是所發的無上覺，非楞嚴所謂生種種法的識心。所以說：「發阿耨多羅三藐三菩提者，當生如是心」。

何以故？若菩薩有我相、人相、衆生相、壽者相，則非菩薩。

「何以故」——是設問：何以發無上菩提者，當生如是心呢？「若菩薩有我相、人相、衆生相、壽者相，則非菩薩」——是反面的解答。意謂：必生如是無所住心，離一切諸相，方是菩薩，否則！稍存有發菩提之念，便不能無我、人等四相的分別，仍是住相的凡夫，而不是眞正菩薩。以是之故，所以發無上菩提者，當生如是心。

所以者何？須菩提，實無有法發阿耨多羅三藐三菩提者。

「所以者何」——是問：有我、人等四相，則非菩薩之所以然者爲何？「實無有法發阿耨多羅三藐三菩提者」——卽是釋明其所以然。前云：「若取法相，卽著我、人、衆生、壽者」。可知我、人等四相，是因取法而有。阿耨多羅三藐三菩提，是「一切法不生」的眞理——無上正覺，所以無論取任何一法，便不能發覺此無上眞理，因爲法法皆塵，合塵則背覺故。合塵背覺，豈得謂之菩薩？所以說：「實無有法發阿耨多羅三藐三菩提者」，卽是「有我、人等四相，則非菩薩」之所以然。

本文一句，可爲答本分長老所問的總結。本分所問，與經初所問，不盡相同，故其所答，亦不盡相同。前問發菩提心應云何住、降，是側重於降住，所以約降住爲答。今問發菩提心云何應住、降，是側重於發心，所以也約發心爲答。前答以離相爲降，無住爲住，亦攝有今答無法發菩提之義在內。因「離相」與「無住」，即是無法發菩提之法故。今答以無法發菩提，亦攝有前答以離相爲降，無住爲住之義在內，因無法發菩提，即是「離相」與「無住」的究竟之故。目的同爲破執，淺深本末有別，可前後參看。

須菩提！於意云何，如來於然燈佛所，有法得阿耨多羅三藐三菩提不？

如來在然燈佛所之事，前在莊嚴佛土分裡，曾引用過一次，本文是第二次引用。前後文義相似而不盡相同，不可看成重複。前問：「於法有所得不？」引出長老「於法實無所得」的答言，爲其上文四果得無所得作證，所以重在「得」字。今問：「有法得阿耨多羅三藐三菩提不」？引出長老「無有法得阿耨多羅三藐三菩提」的答言，爲上文無法發菩提作證，所以重在「法」字。

如來在然燈佛所，因證無生法忍，登八地菩薩，而蒙授記作佛。無生法忍：即心安住於一切法本來不生之理而不動。爲成佛的因行，發心的果位，因果一如，正好爲初發心的善男女們，作爲有力的鐵證，使知心如是發，果亦如是證。所以問須菩提說：「於意云何，如來於然燈佛所，有法得阿耨多羅三藐三菩提不」？讓長老說出無有法得菩提的答案，較佛自己驀直說出，更爲有力。此世尊施教的善巧方便處，不可但作妙文看。

不也！世尊，如我解佛所說義，佛於然燈佛所，無有法得阿耨多羅三藐三菩提。

信者不疑，智者不惑。須菩提開口便答：「不也」二字，可謂毫無疑惑的表現。因其能從佛所說的話中，了解到「無有法得阿耨多羅三藐三菩提」之義故，否則！佛於然燈佛所之事，須菩提何從得知？

上文佛在說罷「實無有法發菩提」之後，接著就問：「如來於然燈佛所，有法得阿耨多羅三藐三菩提不」？須菩提，就在這前後兩句話裡，體會到無有法得菩提之義。㈠佛在然燈佛所，登八地菩薩，望佛果爲因，望發心爲果。今說「實無有法發菩提」，因如是，果亦如是，當然佛在然燈佛所，也無有法得阿耨多羅三藐三菩提。㈡「如來」是性德的稱謂；「阿耨多羅三藐三菩提」，是性具的無上正等覺；非從外得，何謂有法？如水性本濕，豈有濕法可得？月體本明，豈有明法可得嗎？這是須菩提從以上兩句話裡所了解到的無有法得菩提之義。所以說：「如我解佛所說義，佛於然佛燈所，無有法得阿耨多羅三藐三菩提。」

佛言：如是！如是！須菩提，實無有法、如來得阿耨多羅三藐三菩提。

「如是！如是！」是佛深以長老所答爲是，而予以印可之義。問：「如是」二字，已足表達印可之意，何以又把長老所答的話，在「無有法」下加「如來」二字，重復一遍呢？答佛在問中稱「如來」，長老在答中稱「佛」，正是解佛所說義處。何則！佛所以能證佛果者，就是因爲在然燈佛所，證無生法，了徹無上菩提，本爲如來性覺，無法所得之故。若佛云云，長老亦云云，只是依樣畫葫蘆，怎能算得解佛所說義呢？所以佛特別指出其所解的不謬之處，予以印可的說：「實無有法，如來得阿耨多羅三藐三菩提」。意謂：你答佛在然燈佛所，無有法得無上菩提，確實就是無有法如來得無上菩提之義。

須菩提！若有法如來得阿耨多羅三藐三菩提，然燈佛則不與我授記：汝於來世，當得作佛，號釋迦牟尼。以實無有法得阿耨多羅三藐三菩提，是故然燈佛與我授記，作是言：汝於來世，當得作佛，號釋迦牟尼。

本文是舉然燈授記事，爲上文無法得菩提作證，使初發心的菩薩，聞釋迦在然燈佛所，爲證無生法忍而蒙授記。因授記而作佛，然後知以無法發菩提爲發心，無法所住爲住。意謂：阿耨多羅三藐三菩提，爲破除一切妄想執著所證得的如來性覺，無以爲名，強名曰「得阿耨多羅三藐三菩提」。實則性覺圓明，本自具足，無一法可得。若有一法可得的心影未除，便是執我、我所，未證無生法忍，就不够來世作佛，號釋迦牟尼的資格，然燈佛決不輕易與我授記。因證無生法忍，無我、我所，不起有法得菩提之心，所以然燈佛，才與我授記，這樣說：『汝於來世，當得作佛，號釋迦牟尼』。「佛」爲覺者的通稱。「釋迦牟尼」爲本尊的別號。義爲：能仁或寂默。「授記」是諸佛懸知弟子某世證果，及其國土名號，而予之記別，並非有法傳授。若有法傳授，何不現前成佛，而期於來世呢？

何以故？如來者，卽諸法如義。

「何以故」——是設問：上文說若有法如來得菩提，則不與授記作佛，無法得菩提，則與授記作佛的原因何在？「如來者卽諸法如義」——是佛自答。意謂：上文所說的如來，卽是諸法如義；解得諸法如，便知如來義；知如來義，便知有法得菩提，則不與授記作佛，無法得菩提，則與授記作佛的原故爲何了。

「如」是「眞如」，無差別義，亦卽一切諸法的眞常性理。旣爲諸法的眞常性理，當非離諸法外，別有眞如，乃卽諸法的常體，便是眞如。然諸法之所以千差萬別，生滅無常而不眞不如者，由於分別計執緣起的假名假相以爲實有之故。例如：「有」、「無」互借而名有名無；「東」、「西」互借而名東名西；「是」、「非」互借而名是名非；名借相而立名；相借名而成相等都執之以爲實了。旣知諸法由於分別計執而不眞不如，若不分別計執，則諸法的當體，豈不就是眞如嗎？眞如性裏，心、佛、衆生，都無差別，何況他法。這就是「諸法如」。然非如來不能證此，非證此不名如來。何以故？有來必有去，「來去」也是諸法之一，諸法如，則來亦「如」故。

凡夫住於諸法而非如，是來而不如；來而不如，則妄生妄死而不覺。二乘住於如而非諸法如，是如而不來；如而不來，雖不受後有，但能自覺而不能覺他。菩薩未遍諸法而盡如，是未盡如而來，遍來而如；未盡如而遍來，雖廣行六度，自覺覺他，尙待究竟圓滿，登如來地而成佛，才能證得遍諸法界是如，盡眞如際是來。諸法無界，而如亦無界；眞如無際，而來亦無際；如卽是來，來卽是如；來而非來，故曰如；如而非如，故曰來。所以說：「如來者，卽諸法如義」。

如來之義，旣是「諸法如」。可知如來無菩提法可得，亦無菩提心可發。如有法可得，有心可發，則非諸法如，卽非如來。這就是授記作佛與否的關鍵所在。

若有人言，如來得阿耨多羅三藐三菩提。須菩提，實無有法、佛得阿耨多羅三藐三菩提。

上文說：如來之義，卽是諸法如，對無法得菩提，則與授記作佛的原故，已闡發無遺。然猶慮現前當來，或有不能解佛所說義的衆生，仍疑有法得菩提，才能作佛。所以設此若人之言，而呼須菩提的名，再爲開示的說：設若有人說如來有法得無上正等正覺，那是不對的。要知佛所得的無上覺，實是無法名法，無得名得喲。

須菩提！如來所得阿耨多羅三藐三菩提，於是中無實無虛。

本文是爲上文所說：「諸法如義」爲無法得菩提之故，作更進一步的申明。使不解如來所說義而疑有法得菩提的人，了解實無所得。意謂：卽令說如來有菩提所得，但於是所得的菩提之中，却是無實無虛。以本文的「所得」，證明上文的「無得」，所得卽無得。以本文的「無實無虛」，證明上文的「諸法如義」，無實無虛，就是諸法如義。

「阿耨多羅三藐三菩提」——乃如來覺性的異名，爲離一切諸相之所證得。「於是中」——是於此所證得的無上菩提之中。離一切諸相，則覺性空寂而無實。證無上菩提，則覺性眞實而無虛。無實故無虛，無虛故無實。無實無虛，便是所證得的無上菩提——如來覺性。有所得的無上菩提，也是應離的一切諸相之一。不離則非無實；非無實，則非無虛；非無實無虛，便非無上菩提——如來覺性。所得卽無得，無得卽所得，得無所得，方爲無實無虛的無上菩提——如來覺性。諸法之相無實，依他緣起故。諸法之性無虛，同一眞如故。所以此所謂的無實無虛，卽上來所說的諸法如義。統觀以上所明：阿耨多羅三藐三菩提，卽無實無虛；無實無虛，卽諸法如義；諸法如義，卽是如來；如來所得，又是阿耨多羅三藐三菩提。展轉互釋，似覺治絲愈紊，頭緒紛亂。看穿時，則這些都如鑽木取火，火發則諸木一擧盡焚，木焚灰飛，一切皆空，只是了了分明，不可思議境界。

勸行無住分裏也有：「如來所得法，此法無實無虛」之句。與本文語義，完全相同。彼所謂的：「如來所得法」，卽此所謂的：「如來所得阿耨多羅三藐三菩提」；彼所謂的：「此法無實無虛」，卽此所謂的：「於是中無實無虛」。所不同者：不過彼爲救正偏信有法或無法而說，此爲證明無法所得，所得無得而說。然爲無所住的旨趣，彼此都是一樣的。

是故，如來說：一切法，皆是佛法。

本文是以「一切法皆是佛法」，極顯上來所說的「諸法如義」及「無實無虛」的妙用。意謂：因爲諸法是衆緣所生而無實，性一眞如而無虛的緣故，所以如來說一切法皆是佛法。

與其說，一切法皆是佛法，無寧說，一切法皆是無實無虛的如義。因爲能觀一切法是無實無虛的如義，所以一切法才能成爲佛法。若不作無實無虛的如義觀，則一切法只是一切法，何能便成佛法？可知菩提無法，隨在皆是，吾人尋常日用，無非生活在佛法裡面，更向何處去覓？就看你能不能了無實無虛的如義而已，所以古德說：「初看山是山，水是水；**繼看**

山不是山，水不是水；後又看山還是山，水還是水」。初不了緣生無實之理，住於山水之相，所以看山是山，看水是水。繼已了緣生無實之理，不住山水之相，所以看山不是山，看水不是水。後更由無實證眞如無虛之理，事理無礙，即事卽理，何妨其是山，是水，所以看山還是山，看水還是水。一切法皆作如是觀，所以一切法皆是佛法。

須菩提！所言一切法者，卽非一切法，是故名一切法。

上文說「一切法，皆是佛法」。難免有人因此處處着一切法之相，反致一切法不成其爲佛法了。故特說本文以遣一切法之相。意謂：上文所說的「一切法」，卽非一切法，都是因緣所生的虛無妄相，並非實有。因非實有之故，所以一切法，不過名叫一切法而已。了此一切法，是名而非實，則卽一切法，便是佛法了。

一切法，晐盡佛法、非佛法。一切法卽非，則無論佛法、非佛法，皆不可執以爲實。執實則一切法固非佛法，卽佛法亦非佛法了。一切法是名，則無論佛法、非佛法，皆不可執以爲虛。執虛，則成斷滅空。若不執爲實，才能於臨境時，不被境轉，得大自在。若不執爲虛，才能隨緣度化，大作夢中佛事。了此，便知一切法所以皆是佛法者，乃因通達虛實俱無之理故。

須菩提！譬如人身長大。須菩提言：世尊！如來說人身長大，則爲非大身，是名大身。

這裡所說的「人身長大」，就是前莊嚴佛土分裡所說的「有人身如須彌山王」。乃指諸佛法、報、應三身的「報身」而言。人是未成當成的佛，佛是已竟成佛的人。爲明人佛一如，性無差別，所以不說佛的報身長大，而說人身長大。因佛從前曾經說過這樣的話，所以長老一聞「譬如人身長大」，不待說出「是身爲大不」的下句，便即回答的說：「如來說，人身長大，則爲非大身，是名大身」。意謂：報身雖大，畢竟還是依眞如法性的理體，隨萬德莊嚴，宏誓大願等的淨妙因緣，所幻現自他受用的智相，實在沒有大身的眞實性。所以說：「則非大身」。既然沒有大身的眞實性，則所謂的大身者，不過是個假名而已。所以說：「是名大身」。

眞如法性，爲萬法之本體。以不變隨緣，現無邊色相（隨染緣現生滅，隨淨緣現涅槃）何止現一報身。觀其不變，可以說是無相；觀其隨緣，可以說是無不相。無相則量等虛空；無不相則橫豎皆是。怎麼可以大小長短的數量而局於一格呢？所以說非大身；無異的說報身就是法身。以此類推，若人三惑（見思、塵沙、無明）究竟清淨，不住於相，觀隨緣所現的無邊色相，亦究竟清淨。卽此清淨的無邊色相，就是究竟不變的法性身。如此，則不但報身與法身一如，卽諸法與法身亦一如；不但諸法與法身一如，卽法法亦無不皆如。橫豎皆如，法界平等，所以上文說：「一切法皆是佛法」。又說：「一切法卽非一切法，是故名一切法」。

須菩提！菩薩亦如是，若作是言，我當滅度無量衆生，則不名菩薩。

「如是」——是指上文。「菩薩亦如是」——是說：在因地修行的菩薩也和證了果位的佛是一樣的。佛所以證法法皆如，具自他受用的報身而不住者，因他在因地時，就是這樣發「法法皆如」之心，修「法法皆如」之行的。所以菩薩也應師承佛法，依如是「法法皆如」的楷模而發心修行，於自他兩利的六度之法，亦不應住。六度之法，因「緣起」而無實；不住則「如」而無虛，無實無虛，是如來法。因如是修，果亦如是證，所以說：「菩薩亦如是」。

「若作是言」——是說：若菩薩不如是發「法法皆如」之心，修「法法皆如」之行，而作此「我當滅度無量衆生」之言。「作」是有爲造作。「言」乃出自意識分別。因有爲造作，意識分別之故，所以纔有「我當滅度無量衆生」的執見。有此執見，則住於諸法而非無實，諸法不「如」而非無虛。虛實俱著，非如來義，怎麼能夠得上自度度他的菩薩資格呢？所以說：「則不名菩薩」。

乍看「我當滅度無量衆生」之言，乃菩薩毅然負責的豪語，本不爲過，何以斥其不名菩薩呢？殊不知，世尊前曾教發菩提的善男女，當生「我應滅度一切衆生已，而無有一衆生實滅度者」之心。今菩薩不曾體會這三句話，是敎生無所住心，我雖應當滅度一切衆生，甚至已經達成了滅度的任務，而不住有一衆生實得我滅度之心，若心有住，則爲非住。乃竟斷章取義，悍然不顧的作此「我當滅度無量衆生」的侈言。儼然是個著相的凡夫，如此則己尚未度，何以度人？所以斥之曰：「則不名菩薩」。

何以故？須菩提，無有法名爲菩薩。

此是反釋上文。先設問：爲什麼上文說若菩薩作「我當滅度無量衆生」之言，就不名爲菩薩呢？復呼須菩提的名而爲之解答的說：因爲「無有法名爲菩薩」之故。可作兩種解釋如下：㈠無有法，是不住於法，因諸法一如，無可住故。諸法「如」，則與如來之義相應，纔能荷擔阿耨多羅三藐三菩提，利益一切衆生而名菩薩。因此「無有法名爲菩薩」之故，所以若作「我當滅度無量衆生」之言，住於能度、所度的法相者，就不得名爲菩薩了。㈡一切法，皆是緣會的幻相假名，所以前來曾說：「一切法，卽非一切法」。一切法既非一切法，那裡還有「法」名爲菩薩呢？因此「無有法名爲菩薩」之故，所以也沒有能度與所度之法，名爲菩薩。

是故，佛說一切法，無我、無人、無衆生、無壽者。

是故——是指上文所說「無有法名爲菩薩」之故。佛說以下，是申明其義。關於「我、人、衆、壽」，前已說之再再，今不復說。玆就其申明上義方面，分兩種解釋如左：

㊀衆生何故名衆生，不名菩薩呢？就是因爲著有我、人、衆、壽，迷而不覺之故。所以佛說一切法，無非爲衆生除此四著，使之轉迷位的衆生，而爲覺道的菩薩。故本經處處說取相，即「著」此四，如：「若心取相，即著我、人、衆生、壽者」之類便是。說遣相，即「非」此四，如：「我相即是非相，人相、衆生相、壽者相即是非相」之類便是。或舉事以證明，如：「割截身體」之類。或設喻以顯理，如：「人身長大」之類。反正開合，橫說豎說，深說淺說，一言以蔽之，曰：「除四相」。圓覺經云：「不除四種相，不能成菩提」。所以說：「佛說一切法，無我、無人、無衆生、無壽者」。若依教奉行，則四相既無，菩薩道成。清淨覺海裡，不但沒有能度衆生的我，與我所度的衆生，就是佛所說的一切法，亦了無可得，所以上文說：「無有法名爲菩薩」。

㊁一切法，是由妄想執著，能所對待所起的假名幻相，約類不外「我、人、衆生、壽者

」四相，本無而有，有卽非有。此理唯佛能證，唯佛能說，所以說：「佛說：一切法無我、無人、無衆生、無壽者」。據此可知一切法，本一眞如，皆不可取；若取任何一法，便是於一眞法界，妄見差別而著我、人、衆生、壽者了。所以菩薩於六度之法，萬不可取，而作「我當滅度無量衆生」之言。否則！自己尚在逐妄，分別爾我，何以能度衆生，名爲菩薩呢？當知，我以我爲我，以人爲人；人亦以人爲我，以我爲人。這豈不是我就是人，人就是我；我卽非我，人卽非人嗎？我人之見既非，而況由我、人緣聚的衆生，生滅如幻的壽者嗎？如是作觀，基於物我同體的悲心，度無量衆生；基於一切法本無的智慧，不著有能度所度之見。所以說：無有法名爲菩薩。

須菩提！若菩薩作是言：我當莊嚴佛土，是不名菩薩。

「佛土」，爲菩薩清淨心之所現，修六度萬行功德之所莊嚴。若作「我當莊嚴佛土」之言，則是心不清淨，佛土尚不能現前，何況莊嚴，豈不等於痴人說夢，怎麼能爲菩薩呢？所以說：「是不名菩薩」。

此與前說「我當滅度無量衆生」的病根，都在著「能所」之見，作「我當」之言。若不著「能所」之見，作「我當」之言，則滅度無量衆生的功德，便是莊嚴佛土。滅度無量衆生，卽名菩薩，莊嚴佛土，更何待言。若著「能所」之見，作「我當」之言，則衆生尙不能度，何況莊嚴佛土。作「我當滅度無量衆生」之言，已屬狂妄，不名菩薩，何況作「我當莊嚴佛土」之言，豈非更屬大言不慚，怎麼能名爲菩薩呢？

何以故？如來說：莊嚴佛土者，卽非莊嚴，是名莊嚴。

本文前在莊嚴佛土分裡，曾經說過。前爲「無住生心」而說，這裡是明「無我、法」而說。前後合觀：「無住」就是於「我、法」無住，「生心」就是生「無我、法」的心。若無我法，自然就無所住而生其心了。文雖相同，淺深有別，所以前爲長老所答，這裡是如來所說。

何以故——是問：爲什麼，若作「我當莊嚴佛土」之言，就不名菩薩呢？如來說——如來者，卽諸法如義，如來說，就是依諸法如義的說法，來解答以上這個問題。卽非、是名兩句，就是依諸法如義所作的解答。卽非、是名，和諸法如義具如前說，這裡不再贅述了。茲就本文的問題明之如下：所謂莊嚴佛土者：就是要了解諸法如義，不住於一切莊嚴的法相（如六度萬行），而會歸於一如的性體。旣不住莊嚴的法相，則所謂的莊嚴者，卽非莊嚴，不過假名之爲莊嚴而已。因是之故，若作「我當莊嚴佛土」之言，便是未了諸法如義，而住於莊嚴的法相了。若取法相，即著我、人、衆生、壽者，如何能莊嚴佛土名爲菩薩呢？

簡單的說：佛土，是菩薩修無住妙行，證清淨法身所依的法性土。莊嚴，是性具功德的形容。並非世間以彫欄畫棟，殿宇樓閣所粉飾的有相莊嚴。所以說：即非莊嚴，是名莊嚴。

須菩提！若菩薩通達無我法者。如來說名眞是菩薩。

乍看本文，好像就近把前來所說諸義，作一總結。細審則不但是總結前文，而且是兼爲本經全部所說，無非是無我法的要義，特於此處順便點明。使沉潛法海的行人，入手時，不致有望洋興歎之感，而知有所勖勉。

無我法——有二義：㈠「無我、無法」即楞伽所謂的「二無我」，「我」是妄情所執的實體，而此實體，人、法都無，畢竟空寂，故名二無我，亦名二空。玆分別略明如下：①人無我——人爲五蘊假合，因業流轉。例如：作惡業，則流轉惡道；作善業，則流轉善趣；此約三世說。今日爲善，就是善人；明日作惡，就是惡人；喜、怒、哀、樂，隨風擺動；生、老、病、死，無常遷變；此約現世說。因人沒有一生不變的實體，所以說：「人無我」，亦名人空。凡夫不達此理，執人爲實，起煩惱障，不得涅槃。②法無我——法爲依緣假立，對待而有。例如：對有爲說無爲；對小乘說大乘等；此約佛法說。陸行乘車；水行乘船；集衆為軍；聚樹成林等；此約世法說。因法沒有獨立存在的實體，所以說：「法無我」，亦名法空。二乘不達此理，執法為實，起所知障，不得菩提。佛說一切法，不外以「無我」破凡夫之執，使之轉凡入聖得證涅槃；以「無法」破二乘之執，使之回小向大，得證菩提。這就是所謂的「無我、無法」。㈡「無我法、無法我」——法是無我之法，不能定說無法；我是無法之我，不能定說無我；非無我法，非有我法。若無我法，便成斷滅；若有我法，便是著相。總之！我法緣起之相是假，緣起所依之性是眞。若不執著假相而迷於眞性，則即此假相，便是眞性。如波相必依水性而緣起，如不執著波相而迷於水性，則即波是水。所以起信論云：「諸佛如來，離於見相，無所不遍，心眞實故，即是諸法之性」。到此境界，說無我法，固無不可，即說有我法，又待何妨？這就是所謂的：「無我法、無法我」。

菩薩必如是對無我的究竟之法，貫通了達。纔能出世自度，入世度人；入世即出世；度人即自度。如是功德，即是莊嚴佛土。前菩薩，因不達究竟無我法故，執「能所」之見，作「我當」之言，所以不名菩薩。今為通達究竟無我法故，雖滅度無量衆生，莊嚴佛土，亦不執「能所」之見，作「我當」之言了。然能所都無，誰是菩薩？不過强名隨緣度化的眞性，為菩薩耳。所以說：「如來說名眞是菩薩」。

第十八分　開佛知見

讚詩

知見立知非佛陀　佛陀知見究如何
圓明恰似無心月　寂照滄江水不波

概論

上文以「通達無我法」總結前文，並點明全經要義，盡在於是。然非開佛知見，則不足以窺其微妙，反疑若無我法，豈非一無所知，一無所見了嗎？本分即爲闡明通達無我法，不但不是無知無見，而且是開佛知見——圓明妙覺哩。所以：先問：「如來有五眼不」？須菩提皆答說：「如來有」，以明不一佛見，不異諸見；具足諸見，超勝諸見。次問：「恆河中沙，佛說是沙不」？須菩提答說：「如來說是沙」，以明卽相見性，性相一如。又問：「是諸恆河所有沙數佛世界，如是寧爲多不」？須菩提答說：「甚多」，以顯所有國土中的衆生心數之多，以如來的諸法如義觀之，悉知其爲妄而非眞。因衆生不達無我法故，以六塵緣影爲自心相，念念遷流，而有過去、現在、未來的三際心行，殊不知過去心已去，現在心不住、未來心未來、皆是不可得的妄心，而不是常住不動的眞心，所以說：「諸心皆爲非心，是名爲心」，令學人於如是不可得處，開佛知見；如是開佛知見，通達無我法。

述　要

須菩提！於意云何，如來有肉眼不？如是，世尊！如來有肉眼。須菩提！於意云何，如來有天眼不？如是，世尊！如來有天眼。須菩提！於意云何，如來有慧眼不？如是，世尊！如來有慧眼。須菩提！於意云何，如來有法眼不？如是，世尊！如來有法眼。須菩提！於意云何，如來有佛眼不？如是，世尊！如來有佛眼。

上分說諸法一如，不應有能所對待分別的執見，不免有人疑惑，如果這樣成佛，豈不是一無所知，一無所見了嗎？爲明成佛不但不是一無所知，一無所見，而且是超勝於一切：凡夫、聲聞、菩薩的知見哩。因見與知，是互爲表裏的，所以先於本文依次舉出五眼有無的問題，令須菩提一一答覆。須菩提，已知佛見是究竟圓明，具足一切而超勝一切的，所以通通答覆說「有」。

肉眼和天眼，是凡夫所具的眼根。慧眼、法眼、佛眼，是三乘聖賢的智慧。前者屬於色法。後者屬於心法。約分總別二義，明之如左：

㈠約別義明：①肉眼——是世人所具的眼根，爲勝義淨根依於浮塵根所構成，而有見色的作用。但因煩惱障重，只能見近，不能見遠；見表不能見裏；見前不能見後；見明不能見暗；見淺不能見深。②天眼——是天人所具的眼根，爲修福業或定力所報得，欲天爲福業所報得，色天以上爲定力所報得。（世人和鬼神精靈之類，有由他種業報所得的，也有由專修此定所得的，不一定要生天纔有。）雖能見肉眼所不能見，然和肉眼一樣的只能見有限度的事相，而不能覺察一切事物之眞理。③慧眼——爲二乘聖賢以「一切智」照見平等法界眞空無相的智慧，所以亦名「眞諦」。但因所知障故，有智無悲，只能入空，不能出假，雖勝天眼，猶不及法眼能悲智並用。④法眼——是菩薩爲適應機緣，度化衆生故，以「道種智」，照見一切世、出世法，差別諸相，以及衆生心數，前因後果，如幻緣起的智慧。不但見空，且能觀俗，所以亦名「俗諦」。因悲多智少，雖較慧眼爲勝，猶不及佛眼的究竟圓明。⑤佛眼——佛以「一切種智」，照了諸法實相，圓具前四眼，而超勝四眼；不異四眼，不一佛眼；不非四眼，不是佛眼。所以亦名「中諦」。因悲智均等，覺行圓滿，成「正徧知」。

㈡約總義明：本文是藉五眼以明佛見圓融，並非分別五眼。因佛以五眼所見爲見，不執一，也不執異的，所以舉五眼有不爲問，須菩提皆答說「有」。若說但有佛眼，便是執一的偏見。執一佛眼，以別四眼，便是執異的偏見，如此偏執，怎能名爲佛眼？今攝四眼歸一佛眼，則四眼非四眼，異而不異；佛以四眼爲眼，則佛眼非佛眼，一而不一。如此則見性圓明，就無所見（見而不見）無所不見了（不見而見）。所以這裡所說的肉眼，並非世人血肉之軀所具的眼根，乃至所說的法眼，也不是菩薩的道種智，而是佛的一切種智。所謂：「本勝兼劣，四眼入佛眼，皆名佛眼」。因諸眼一如而皆是故，所以一一於答時，皆說「如是」。因諸眼有而非有，非有而有故，所以一一於答時，皆說「如來」有。

須菩提！於意云何？如恒河中所有沙，佛說是沙不？如是，世尊！如來說是沙。

據江居士鑑定：恒河上，流通本有一「如」字，爲古本所無。本應從古，惟因恒河上加一「如」字。有其充分的理由，不敢因泥古故，而予以抹殺。其理由有二：㈠約文說：因本文是明佛見，應和上文佛眼銜接一氣，所以加一「如」字，是說：佛眼所見，如見恒河中沙。顯然是舉河沙以例諸法，並非限於見沙的死句。若不加一「如」字，則不但文氣與上文不屬，而且成了佛眼僅見恒河中沙而不見諸法的死句了。如此則下文說世界，說衆生心，豈不都成孤起。這是加一「如」字的理由之一。㈡約義說——佛往往爲善巧方便，於問中暗示答意，以啓發當機，有一「如」字，卽暗示諸法如恒河中所有沙，沙沙皆如，沙而非沙，非沙而沙之意。這是加一「如」字的理由之二。佛向來遣相，於微塵說：「非微塵，是名微塵」；於世界說：「非世界，是名世界」。今於恒河中沙，亦應說：「非沙，是名為沙」。然！須菩提，竟一反前來佛所說義，而以「如是！如來說是沙」作答。就是受此一「如」字善巧方便的啓發之故。今依此義釋之如左。

佛以五眼為眼，不執一，也不執異，其所見諸法，亦復如是。如恒河中所有沙，多至無量數，卽是不一。然！以佛眼觀之，都是緣會的假相，實無一沙可見，卽是不異。既不著沙相，何妨隨俗說「是沙」又是不一。雖說是沙，不礙性空，又是不異。必如是作觀，如是而說，始與五眼之理相契。這樣就無所不如，無所不是了。所以須菩提先答「如是」，繼答：「是沙」。

如來說，不同於衆生說，衆生不達性空，執有我法，說沙是沙，定是沙。如來以諸法如義，究竟無我，說沙是沙，不是沙，不是沙是沙。如鏡照物，是而非是，非是而是，鏡無所謂。所以須菩提答說：「如來說是沙」。

衆生說是沙，如來也說是沙，可見，作衆生作如來，不在說沙之是非，而在著見與不著見。若著見，說「是」也是衆生，說「非」也是衆生，因衆生有所說，說其所說故。若不著見，說「是」也是如來，說「非」也是如來，因如來無所說，說無所說故。衆生有所說而說，則著是非之見，著是則說是，著非則說非，爲是非所顚倒，而不自覺。如來無所說而說，則不著是非之見。不著是，則何妨隨緣說是；不著非，則何妨應機說非；隨說是非，如抽刀劃水，不見有是非之迹。然！此是、非一如，不著我見之智境，是由觀照實相所證得，非世俗之信口雌黃，指鹿爲馬者所可妄擬。

須菩提！於意云何，如一恒河中所有沙，有如是沙等恒河，是諸恒河所有沙數佛世界，如是寧爲多不？甚多，世尊。

上文藉恒河中沙，以顯佛見圓明。下文藉衆生若干種心，以顯佛知正徧。本文是介乎其間，上承佛見的圓明而窮其極，下啓佛知的正徧而發其始。使衆生知所以如是開佛見，即所以如是開佛知。

「如一恒河中所有沙，有如是沙等恒河」——譬如一條恒河中，所有的沙，有和此沙相等之多的恒河。「是諸恒河所有沙數佛世界」——相當於這許多條恒河，所有沙數之多的佛世界。「如是！寧爲多不」——是問須菩提，如上文所說「是沙」的看法，多不多呢？「甚多！世尊」。——是須菩提的答覆。

長達一六八〇浬的恒河，裡頭所有的沙，有和此沙相等之多的恒河，已經多的沒有數目字可以計算了。何況佛敎化的大千世界，又相當於如許之多的恒河沙數呢，還用問多不多嗎？然而！這並不是閒文，且有兩重要義：㊀約承上說——上文以不執一異之見，觀恒河中沙是沙，不過是擧其一例，以爲本文見佛世界甚多的引發而已。因爲非如此甚多的佛世界，不足以含容一切，而顯佛見的至圓至明。所以問中的「如是」二字，即是暗示，應如上文觀「是沙」之法，觀佛世界。否則！佛見不增不減，何以須菩提答以「甚多」二字呢？可知「甚多」也是基於不執一異之見，隨俗而說的。㊁約啓下說——將欲說下文「所有衆生若干種心，如來悉知」，所以先設此無量沙數以喻世界之多，而爲顯發。以明佛見不執一異，佛知亦復如是。由見而知，因知而見，知見一如。

佛告須菩提，爾所國土中，所有衆生，若干種心，如來悉知。

「爾所國土」——是指上文無量世界而言。「爾所」是「如許」之義。「國土」是「世界」的別稱。爲顯世界爲衆生種種差別煩惱染業所依報，所以換言世界爲國土。「所有衆生」——是盡擧如許之多的國土中，所有前所謂卵胎溼化等九類衆生而言。「若干種心」——

是渾言衆生的種類和心行，差別不定之數。恒河之多，不可說，而喻之以「一恒河中所有沙」。國土之多，不可說，而喻之以「是諸恒河所有沙數」。國土之多，尚不可說，所有國土中的衆生，豈止九類。經言九類衆生，不過是約而言之，若一一分別其種族和色形，豈復可說？一一衆生的種族尚不可說，何況一一衆生的心數，念念遷流，刹那不住而可說嗎？然此不可說不可說的衆生若干種心，如來以不執一異的諸法如義觀之，無不盡知。所以說：「如來悉知」。

不執一異之知，無所偏頗，叫做正知；諸法如義之知，無所缺漏，叫做偏知；所以如來亦名正偏知。爲正偏知故，照見無量世界國土，乃至所有衆生心數，差別諸相。因照見差別諸相故，名正偏知。知與見，二而一，一而二。必如是見，如是知，才是開佛知見哩。

何以故？如來說：諸心皆爲非心，是名爲心。

「何以故」——是緊承上文更進一層的設問。上文說：「所有衆生若干種心，如來悉知」，如來者，即諸法如義，「如來悉知」，就是以諸法如義而悉知之。然！何故以諸法如義而悉知之呢？「如來說」——就是如來說明以諸法如義而悉知之故。所以衆生若干種心，非如來不能悉知，亦非如來不能說明其悉知之故。所以自五眼乃至河沙世界，都是佛問，須菩提答。惟至衆生若干種心如來悉知，則由佛告須菩提。何故悉知，則由佛自問自答。「諸心皆爲非心，是名爲心」——是如來所說的悉知之故，「諸心」就是衆生的若干種心，雖有差別不定，不可說之多，然以如來諸法如義的同體之性——大圓鏡智觀之，不過是一種妄念，並非眞心，只是假名爲心而已。所以說：「皆爲非心，是名爲心」。這好像僅是如來能夠悉知之故，殊不知，何故要悉知之義，也都在如來的言說之中。玆再闡明如下：

諸相紛然，類至不一；皆由心造，亦復不異。可見上來說河沙世界，乃至若干種心，無非爲顯衆生心造業力的不可思議。諸相既由心造，本經云：「若見諸相非相，則見如來」，那末！若見諸心非心，豈不更見如來嗎？「諸心」不一，「非心」不異，又可見本文說「諸心非心」，也無非爲衆生破一異之執，令見其自性的如來。衆生因迷執一異之見，不了相由心造，諸心非心，所以自無始來，流轉生死，受苦到今，倘非如來以諸法如義的大智大悲，悉如是知，如是說，則芸芸衆生，豈不沉迷苦海，永無出離之日了嗎？這就是如來所以要悉知之故。

所以者何？須菩提，過去心不可得，現在心不可得，未來心不可得。

「所以者何」——是問上文所說：「皆爲非心」的所以然者何也？須菩提下，三心不可得句，即是解答非心之所以然。

眞心無際，常住不動，非生滅法。妄心就不然了，因「六塵緣影，爲自心相」，刹那生滅，無常遷動，而有過去、現在、未來的三際分別。實則！過去的已經過去了，何處去覓影蹤；現在的刹那不住，何曾把握住一念；未來的還沒有到來，只可憑空假想。如：未夢黃粱時的夢心爲未來；正夢黃粱時的夢心爲現在；黃粱夢覺時的夢心爲過去。此心如夢，有何可得。所以說：「皆爲非心」。

然！衆生因無始無明，迷却眞心，不了三心是妄，俱不可得，而追念過去，設施現在，預謀未來，念念遷流，造種種業，受種種報。例如：毛匪爲念過去秦皇、漢武、唐宗、宋祖等的帝業，太嫌平凡，而有現在集權殘暴的僞政設施，還正在爲其未來歷史上的魔影，預製遺臭萬年的血腥圖案。那知所謂的秦皇漢武也者，早成「賢愚千載知誰是，滿眼蓬蒿共一丘」了。世俗之賢者，尚因未能離念，而流轉三界，況彼窮兇極惡的魔王，及其魔眷，而不受無間苦報，萬劫不復者，絕無是處。此佛所以三言心不可得，旨在明其爲流入生死苦海之因，使衆生知所警惕，回頭是岸。

要知！心非眞妄，不但妄心不可得，即眞心亦不可得。何則？無明念動，分別執著，流轉三際者，名之謂妄。若了三心俱不可得，當下即空，名之謂眞。並非有個不可得的妄心，另有一可得的眞心。如有可得，則即眞是妄，眞妄的關鍵，就在此可得與不可得的幾微之間。學人應以此不可得心，觀照一切。照漢非漢，照胡非胡，雖非漢非胡，則漢胡無所不照。此即所謂：照而寂，寂而照，寂照同時。明乎此，則不致誤會：若三心俱不可得，豈不等於土木偶人了嗎？其實！若能等於土木偶人的無分別心，一切不著，也就通達無我法了。龍牙和尚說：「深念門前樹，能令鳥泊棲，來者無心喚，去者不慕歸，若人心似樹，與道不相違」。可知「等於土木偶人」的話，乃世智狡辯之詞，試問有幾人能够做到？

第十九分　諸法緣生

讚詩

大家都是劇中人　粉墨登場各有因
不待劇終人散後　便知非假亦非眞

概　論

衆生不了二處虛妄（楞嚴經云：則意與法，二處虛妄），心造諸法，還被法縛，畫地爲牢，自作自受，這就是衆生顚倒迷妄的生死之因。所以：上分說諸心非心，以空能造之心，而斷其妄念；本分說諸法緣生，以空所造之法，而解其束縛。心行無數，造法無邊。所以上分約諸心爲三際，以概其餘；本分但擧布施爲福德因緣，以例其他。

福德之最勝者，莫過於佛的具足色身，和具足諸相。因緣之最勝者，莫過於法施。所以本分先總明福德無實，復列擧色身、諸相、法施，一一明其卽非眞性，是假名相。卽非則空，是名則不空。以例諸法無不如是空，如是不空，如是空而不空，不空而空。

述要

須菩提！於意云何，若有人滿三千大千世界七寶，以用布施，是人以是因緣，得福多不？如是，世尊！此人以是因緣，得福甚多。

「因緣」二字，分開來說：諸法所由生成的種子本身爲「因」（親因）。助長生成的外力爲「緣」（助緣）。合起來說：凡諸法賴以生成的條件，都叫「因緣」。「因緣」與「法」，是因前後相生而得名的。前推生法的因緣，也是因緣所生的法；展轉相推，至於無始，無不如是。後推因緣所生的法，也是生法的因緣；展轉相推，至於無終，亦無不如是。如此無始無終，森羅萬象，無一法不是因緣，無一因緣不是法。一切法空，卽一切因緣空。所以佛說一切法，不離因緣。

一切法，及一切因緣，旣是依他緣起，當然沒有自性的實體，所以經中每說「卽非」以明空。雖無自性的實體，却是依他緣起，所以經中每說「是名」以明假。因卽空而卽假故，所以前說「應無所住行於布施」。因卽假而卽空故，所以前說「應如是布施不住於相」。六度總攝一切法，布施總攝六度，所以舉世界寶施，明福德因緣卽空卽假，無異是說一切法皆是因緣所生，皆是卽空卽假。假則不著空邊，空則不著有邊，空有不著，卽是中道。若有人如是觀、如是行、如是通達一切法皆是一如之性，觀行功深，得大自在，其福豈不甚多？所以須菩提於答時，先說：「如是」，繼說：「是人以是因緣得福甚多」。

問：前來屢說世界寶施，不及持經福勝；今則直以世界寶施爲福德因緣。究竟是持經的福勝耶，還是寶施的福勝呢？

答：前爲經義所明，不離諸法緣生之理，故但令受持此經，緣生之義，卽不言而諭。今爲諸法緣生之理，乃出自此經，故但說緣生，持經之義，亦不問可知。前爲勉學人受持此經，通達緣生之理，故說持經福勝。今爲勉行人行不住相布施，故說寶施的因緣福勝。前後所說的旨趣，並無二致，都是教人通達緣生之義，會一切諸相於眞如之性的。

須菩提！若福德有實，如來不說得福德多。以福德無故，如來說得福德多。

基於上文所說，福德既是布施因緣所生，其自體絕非實有。若認爲福德有實，那就不是因緣所生，與布施毫無關係了，無因之果，寧有是處？如此，則福德尙不可得，何況甚多。若但知福德爲布施因緣所生，爲求福德而行布施，便是住相，未能徹了諸法緣生之理，而爲有數所局限。如此！則雖因布施而得福，亦因住相而得福無多；而且旋得旋失，依然是輪廻三界的生死苦因。所以說：「若福德有實，如來不說得福德多」。若徹了諸法是因緣所生，卽空、卽假、卽中之理，爲利益一切衆生故，雖行布施却三輪體空。旣不局於有數而妙行無住；亦不落於空塹而無住妙行。如此！則福慧雙修，證菩提果，得不可思議福德。所以說：「以福德無故，如來說得福德多」。

須菩提！於意云何，佛可以具足色身見不？不也，世尊！如來不應以色身見。何以故？如來說具足色身，卽非具足色身，是名具足色身。

本文所說的「具足色身」，及下文所說的「具足諸相」，古今註家，不一其說：有說通是指應化身而言的。有說通是指報身而言的。有說色身是指報身而言，諸相是指應化身而言的。其實這是勿庸爭論的事。經論所說二身，乃至十身，都是由一佛身（法身）所開出的，開合無定，說亦無定。卽以通途所說的三身而論，亦無定說。例如：臺家立法、報、應三身。相宗立自性、自他受用、變化三身。最勝王經立化、應、法三身。然！說雖不一，其爲顯非相而相，相卽非相，具足一切的全性之體則不異。何爲非相而相，相卽非相呢？平等空寂的性體——法身，本來是眞實常如而「無相」的。爲利物而隨緣起用，則色相宛然，如光明徧照，又是「非無相」的。依體起用，雖寂而照，則非相而相；攝用歸體，雖照而寂，則相卽非相；體用不二，寂照同時，則非相而相，相卽非相。這就是具足一切的全性之體。據此可知：法身爲報、應二身之體，報、應二身爲法身之用，一卽三，三卽一，本無可分，依衆生心分別故，說有三身。

凡夫、二乘等，依分別事識，（前六識）不了境唯心現，而取色分齊，但能見佛的粗相。故佛由成所作智，隨其機宜，變現無量身形，於淨穢土而爲說法；約凡夫、二乘等之所見，名爲應身。住十地諸菩薩，未能盡空業識（第八賴耶識），入法身位，雖知境唯心現，能見佛的微妙色身，無邊相好，無來無去，離於分齊，然猶有見相爲自分別。故佛由平等智，示現微妙淨功德身，於純淨莊嚴土而爲說法；約彼諸菩薩之所見，名爲報身。這在起信論裡，說得很清楚的。可知報應二身，是不生滅之生滅，生滅而不生滅。因衆生唯見生滅，不見不生滅故，所以本經爲凡夫、二乘等，發大乘者說，爲大乘菩薩發最上乘者說。以此判定「具足色身」，是指報身而言；「具足諸相」，是指應身而言，是毫無疑問的。今依此義釋之如下：

週徧圓滿而沒有虧損，叫做「具足」。菩薩見佛的報身，微妙莊嚴，色相無邊，所以名爲「具足色身」。然此具足色身，實由多劫福慧雙修所證得的法身，隨諸菩薩見聞得益的機緣而顯現的。在離念離見的第一義諦裡，唯有法身如來，如皓月當空，千江皆印，並沒有「具足色身」的境界可得。所以問須菩提：「佛可以具足色身見不？」以試須菩提是否了知此義。明明是佛的色身，而故作此問，可知此所謂的「佛」，是法身佛，而不是報身佛。意謂：菩薩可以執著其所見的這個色相莊嚴的他受用報身，而爲法身如來嗎？所以須菩提答說：「如來不應以色身見」。

爲什麼如來不應以色身見呢？如來者，卽諸法如義，若以諸法如義觀此具足色身的當體，便是：緣生無性而卽空，無性緣生而卽假，所以又申明其義的說：「如來說，具足色身，卽非具足色身，是名具足色身」。因此卽非而是名故，所以不應執著這個具足色身而見如來。

觀其卽空，則不著於有，亦不妨於有；觀其卽假，則不著於空，亦不礙於空；有空不著，互不妨礙，則有而不有，空而不空；有卽是空，空卽是有。這便是性相一如，不可思議的全性之體——法身——如來。

須菩提！於意云何，如來可以具足諸相見不？不也，世尊！如來不應以具足諸相見，何以故？如來說諸相具足，卽非具足，是名諸相具足。

凡夫、二乘等，所見的佛相是：丈六金身、三十二相。諸趣所見的佛相，亦各各不同。一般都認爲是圓滿具足的，所以總名「具足諸相」。殊不知，此所謂「具足諸相」者，乃如來法身，應衆生機類而變現的。如金光明經說：「佛眞法身，猶如虛空，應物現形，如水中月」。楞嚴經云：「隨衆生心，應所知量」。這也和上文菩薩所見的他受用報身一樣，在離念離見的第一義諦裡，並沒有所謂的這些具足相可得。所以其卽空卽假，性相一如之義，也和上文是一樣的解釋，勿庸贅述。學人可擧一反三，凡經中所言「卽非是名」以及屬於這一類的句，皆應作如是解，如是會。於一切法，皆應作如是觀、如是行、如是會相歸性，卽見如來。

須菩提！汝勿謂：如來作是念，我當有所說法。莫作是念。何以故？若人言如來有所說法，卽爲謗佛，不能解我所說故。

上文說具足色相，爲如來法身，隨諸勝緣所顯現。然證得法身的勝緣爲法施，法身所隨的勝緣，也是法施。非法施因緣之勝，不能證如來法身。非證如來法身，不能隨法施因緣，現具足色相。可知反因爲果，倒果爲因，因果果因，無始無終。因如是，果亦如是。所以上文約色相以明緣生，本文約法施以明緣生。

「汝勿謂」——是誡須菩提「不應說」。「如來作是念，我當有所說法」——是誡須菩提不應說的話。「莫作是念」——是誡須菩提，不但不應說這種話，而且不應起這種念。因說由念起，無念卽無說故。若作是念，說固是病，卽不說也是病。所以旣誡以「汝勿謂」。復誡以「莫作是念」。言下大有法會是因緣所生，如來本無我當有所說法之念。

「何以故」——是問：爲何不應作「如來有所說法」之念呢？「若人言」以下，是釋明其故。「我當」——是人有我。「有所說法」——是法有我。一有「我當有所說法」之念，便是有我、法二執的凡夫。如來證空寂之性，依法法皆如，說平等無二之法。豈有「我當有所說法」之念？若人言如來有所說法，便是以凡夫之心，測如來之智，指如來爲凡夫，豈非謗佛？謗佛則坐無間罪，所以不應作是言念。

如來乘如實道，而來三界應機垂化，所說之法，無非顯三空（我空、法空、俱空）之理，爲衆生除本無之妄念，復本有之佛性。若人能瞭解如來所說法，如本經說：「無住、生心、通達無我法、三際心不可得」等。就不會作「如來有所說法」之念，而招致謗佛的罪嫌了。所以佛歸其「作是念」之咎於「不能解我所說故」。

前在第十三分裡，曾經問過須菩提：「如來有所說法不」？須菩提答說：「如來無所說」。是須菩提早已不作：「如來有所說法」之念了。何以這裡又誡之以：「莫作是念」呢？要知如來應衆機而說法，隨諸法而辨如，所以遇緊要處，不惜言之諄諄，說之再再。使鈍根衆生，皆得解佛所說義。此佛悲憫深心之自然流露。不可不知。

須菩提！說法者，無法可說，是名說法。

以凡夫的執見來看，說法者，不可能無法可說。因爲世尊明明是在說法，怎麼說無法可說呢？或疑若無法可說，十二部經，從何而出？殊不知，法本不生，因說而生。說亦不生，爲法而說。雖有說法者，現在說法，或其所說之法，已蔚成典籍，琳瑯滿櫝，却如束木而立，依緣幻起，卽假卽空，雖說而實無可說。卽空卽假，雖實無可說，不無說法及所說經典的名相。所以說：「說法者，無法可說，是名說法」。

或疑說法者是報化身，而不是法身。法身無法可說，報化身豈能無法可說？那知！法身即諸相，爲隨緣故；諸相即法身，爲不變故。所謂：「溪聲盡是廣長舌，山色無非淨法身。」何況報化身而非隨緣的法身嗎？若以爲報化身有所說法，則是法身隨緣而變了。豈非又構成了謗佛的罪嫌嗎？

本文與前說，處處相應，若互相參研，可收融會貫通之效。例如：因「無法可說」故，所以前說：「不應取法」。因「是名說法」故，所以前說：「不應取非法」。前說「無有定法如來可說」就是「說法者無法可說」之義。前說「爲他人說」，就是「是名說法」之義。如是觀行，方不致：泥於言說章句，而取法；背離經旨，而取非法；纔爲人說，便作「我當有所說法」之念。勉之、勉之。

爾時慧命須菩提白佛言：世尊！頗有衆生，於未來世，聞說是法，生信心不？

慧命——長老的智慧和壽命，都超勝於常人，所以稱爲「慧命」，也就是「長老」的異稱。**爾時**——是世尊說罷上文「無法可說是名說法」之時。這時的須菩提，深恐有不少未來世的衆生，去佛漸遠，根亦漸鈍。咸信修行必須依法，若聞此無我、法的妙諦，必定狐疑不信。信為入道的基石，如果不信，怎能深解般若，遑論行證。這確實是一極關重要的問題。所以啓請世尊：「頗有衆生，於未來世，聞說是法、生信心不」？可見長老此問，尤有深意，並非僅為生信與不。而是兼為勖勉衆生：般若難聞宜聞，難信宜信；乃至解行，亦復如是。吾輩學人，其勉乎哉！

佛言：須菩提，彼非衆生，非不衆生。

「彼」字是指所謂的「未來世衆生」而言。心佛衆生，本無差別，差別的地方，僅在於迷悟之間。迷悟的關鍵，則在於「聞說是法，生信心不」？如果生信，則不能定說他是衆生；如果不生信，則不能定說他不是衆生。所以說：「彼非衆生，非不衆生」。這兩句話，很顯然的說明衆生是個假名幻相，並不是決定性的。既然不是決定性的，那末！衆生那有絕對認定自己是個衆生，而否決了自己的本來面目，聞說是法不生信心呢？

何以故？須菩提！衆生衆生者，如來說：非衆生，是名衆生。

本文是釋明上文「彼非衆生，非不衆生」之故。「衆生衆生者」——是衆生乃（四大、五蘊）衆緣所生者。「如來說」——是以諸法如義來說。眞如空故，衆生的實體非有，所以說：「非衆生」。假緣生故，衆生的名相非無，所以說：「是名衆生」。若衆生如是作觀，了徹其自身原是五緣假湊，本來無生，爲有聞說諸法緣生，卽空卽假的「無法可說」等法，而不生信心之理？如是觀，如是信者，便拾成佛之階而上之，所以說：「彼非衆生」。否則！仍舊戴著衆生的假面具而不自覺其假。所以說：「非不衆生」。

第二十分 得無所得

讚詩

法界原無事不平　痴人妄作不平鳴
識田孤負菩提種　六道沉迷未了情

概論

須菩提頃聞佛說：「說法者無法可說」等緣生性空之理，悟徹佛於無上菩提，必然也是無法可得的。如有法可得，怎能無法可說？有得、有說，則我、法二執依然未破，何以證無上菩提？乃請問世尊：佛得無上菩提，可是無法可得的吧？佛除給予印可其所悟的不謬外，更以「是法平等，無有高下」闡明無法可得的奧義。以「無我、人等四相修一切善法」防誤解「無法可得」者，犯惡取空，或偏空之弊。因此經爲修一切善法的不二妙門，復以大千世界所有須彌山之多的七寶布施為喻，以顯持說此經的福德之勝。

述要

須菩提白佛言：世尊！佛得阿耨多羅三藐三菩提，為無所得耶？

佛以法身具無量智慧功德，現無邊身相，演微妙法音，都因深觀諸法緣生，二諦中道之理，修無得而得，得無所得之法，證無上正等正覺的圓滿成就。這在善解佛所說義的須菩提，是不難體會得到的。所以向佛啟請的說：佛所得的無上正等正覺，可是無法所得的吧？這雖是疑問的口氣，却正是須菩提的悟境。因無得無不得，乃為眞得菩提之故。意在求佛親口予以印可，俾聞者普被法益，而解脫法縛。

須菩提，前為解佛所說：「實無有法發阿耨多羅三藐三菩提心」之義，而悟佛於然燈佛所，無有法得阿耨多羅三藐三菩提。是以發心為因，登八地菩薩為果，因如是修，果亦如是證。今為解佛所說：「說法者無法可說」等義，而悟諸法緣生，雖至佛地，亦無阿耨菩提可得。是以登八地菩薩為因，成佛為果，因如是修，果亦如是證。前承佛問而答，是佛對當機的啟示。今承佛意而問，是當機的自動自發。淺深次第，於玆可見。

如是！如是！須菩提，我於阿耨多羅三藐三菩提，乃至無有少法可得，是名阿耨多羅三藐三菩提。

重言「如是」者，是極讚須菩提所問的話甚是之義。向下是推原其甚是之故。意謂：你問佛得阿耨菩提爲無所得，是很對很對的，我於阿耨菩提，乃至連任何一些兒少法都實無所得。因爲阿耨菩提，不過是依於空性所假設的名相而已，豈有實法可得嗎？

阿耨多羅三藐三菩提，乃無得而得，得無所得的無上正等正覺。若有所得的法，便有能得的我。如此！執我，則不得爲覺；執法，則不得爲等；更談不到無上了。怎能得無上正等正覺呢？必也！內空能得之我；外空所得之法；一念不生；一塵不染；性德圓明，無以爲上；方爲得無上正等正覺。如此！則所得的無上正等正覺者，非假名而何？

因無少法可得，所以說是假名。因是假名，所以說無少法可得。如是觀我、法卽空、卽假，卽假、卽空。雖有而不執爲實；雖不執爲實，亦不妨爲假有。雖得而實無所得；雖實無所得，又何妨假名爲得。

復次！須菩提，是法平等，無有高下，是名阿耨多羅三藐三菩提。

上文所說阿耨菩提無有少法可得之義，尚須再於本文爲之闡明，俾學人更易了悟，所以首置「復次」二字。「是法平等，無有高下」兩句，卽是闡明其義。也就是平等法界的形容，遣蕩妄執的如語。一切法，本來是平等的，在聖沒有增高，在凡也沒有減低。都因凡夫分別執著，於平等法界，妄見高下，而不平等了。譬如，同是一物，有人歡喜讚歎，有人深惡痛絕。同是一理，有人認爲是天經地義，有人認爲是不經之談。此非物有好醜，理有是非，乃由於業感之不如，所起的分別執著亦不如故。分別是第六識所起的妄念。執著是第七識所起的妄念。故說「是法平等」，使轉第七識的執著爲平等性智。說「無有高下」，使轉第六識的分別，爲妙觀察智。此二識轉，則妄見高下的不平等觀念，就蕩然一空，而爲平等無有高下的如如之智了。那裡還有一些兒少法可得呢？

依此平等無有高下的如如智，所呈現的妙覺性體，是絕待而無以爲名的。爲說無法可說之法故，不得不假名此無以爲名之妙覺爲「無上正等正覺」。觀此假名的意義與安立，便知無法是法，無得是得。以無法無得故，所以前說：「於法實無所得」；又說：「無有法得阿耨多羅三藐三菩提」。以無法是法，無得是得故，所以前說：「如來所得法，此法無實無虛」；又說：「一切法皆是佛法」。正當無以爲名時，卽名「無上正等正覺」；正當無法所得時，卽得「無上正等正覺」。然則，如何能够實修實證，不使此紙上的理論，徒尚空談，向下當說。

以無我、無人、無衆生、無壽者，修一切善法，則得阿耨多羅三藐三菩提。

無上正等正覺，爲衆生所本具的智慧覺性，非從外得，不假修成。所以上文說：「無有少法可得」。然！衆生自無始來，卽如楞嚴所謂：「失却本心，妄認緣塵，分別影事」。所以又說：「是法平等無有高下」，以顯其迷失的本心——無上正等正覺。然則！如何能使是法平等，無有高下，證得無上正等正覺，那就非以無我、人、衆、壽者，修一切善法不可了。

「善法」卽是佛法，因爲除佛法外，一切的一切，都是有爲法，不得稱之爲善故。然！佛法亦非離一切法而別具善格，乃觀一切法皆如，無有高下，平等平等，卽一切法便是佛法。這就叫做「一切善法。」一切善法，不外六度，因六度能該萬行，自利利他故。然！行六度，必須以般若空慧，通達三空之理，於我等四相無所取著。無我等四相，則不著於有，而慧成就。修一切善法，則不著於空，而福成就。無上正等正覺，便因此有空不著，福慧兩足而得圓成。這就叫做「以無我、人、衆、壽者，修一切善法，則得阿耨多羅三藐三菩提」。

本經最初卽敎菩薩：「滅度無量、無數、無邊衆生，而無一衆生實滅度者」。又誡菩薩，一若有我相、人相、衆生相、壽者相，卽非菩薩。」迨後！橫說、豎說、深說、淺說、反說、正說、分說、合說，無非都是發揮修一切善法之義，不過至此作一總結而已。據此可知，修一切善法，應以此金剛般若爲不二妙門。

須菩提！所言善法者，如來說：非善法，是名善法。

前云：「若取法相，卽著我、人、衆生、壽者；若取非法相，卽著我、人、衆生、壽者」。今旣以無我、人、衆生、壽者，爲修一切善法的因緣，可知此所謂善法者，乃緣生假有，無法相，亦無非法相。無法相，則不應取法；無非法相，則不應取非法；法與非法，二皆不取，則與無有高下的諸法如義相契合。所以說：「如來說，非善法，是名善法」

須菩提！若三千大千世界中，所有諸須彌山王，如是等七寶聚，有人持用布施。

世界上山之最大者，莫過於須彌，海拔八萬由旬，所以稱爲山王。以一個小世界一須彌山計算，三千大千世界裡，就有十萬萬須彌山之多。有人拿聚積七寶像十萬萬須彌山之多，用作布施，其福德，要比前五次校勝時所說的大得多了。然而！比持說此經，猶弗如遠甚。

若人以此般若波羅蜜經，乃至四句偈等受持、爲他人說，於前福德，百分不及一。百千萬億分，乃至算數譬喩所不能及。

「若人」——是設或有人，表示甚爲希有之意。「受持爲他人說」——是自覺覺他，無有高下的平等觀念。「於前福德」——是與上文所說以聚積七寶如十萬萬須彌山之多，用作布施的福德相比較。意謂：前面所說的布施福德，不可謂為不大，然而！與持說此經乃至四句偈等的福德相較，布施的福德百分、乃至千萬億分，算數喻譬所不能及分，都不及持說此經的福德一分。因為持說此經，能與衆生同修一切善法，同證無上菩提，非寶施有為福德所能及故。

第二十一分　化無所化

讚詩

踏上毘盧放眼看　大千世界入三觀
心行到此已無路　性海奚迥凡聖瀾

概論

本分與前十九分裡「無法可說」一段文義，是互相發明的。因為說法原為度衆生；度衆生必須說法；既無說法之念，那裡有衆生可度；既無度衆生之念，當然也無法可說。總之，前後所說，無非以離念為旨歸。若一動念，便有能所分別；便與「諸法如」的如來義相違；

便是凡夫。所以前說：「若人言如來有所說法，即爲謗佛」。本分說：「若有衆生如來度者，如來則有我、人、衆生、壽者」。若離念，便無能所分別；便與「諸法如」的如來義相契合；便是如來。所以前說：「衆生非衆生」。本分說：「凡夫者則非凡夫」。

述要

須菩提！於意云何？汝等勿謂：如來作是念，我當度衆生。須菩提，莫作是念。

本文與前說：「汝勿謂，如來作是念，我當有所說法」一段，是互相發明的。何則？說法原爲度衆生，既無說法之念，則法界平等，無有高下，那有能度衆生的我，及我所度的衆生？度衆生，豈能不說法，既因法界平等，無有高下而無度生之念，那有能說法的我，及我所說的法呢？雖說法，而不起我當有所說法之念，是眞說法。雖度衆生，而不起能度、所度之念，是眞度衆生。說法與度衆生，顯然是同一事件。不作念，也是同一理由。

江居士舉金光明經，明不作念的理由，不外：㈠因夙昔大悲大願薰習成種之力，故能有感斯應。㈡因具二智成三身如大圓鏡，光明徧照，故能所應不謬。可謂詳盡。然！諸法如義的「如來」二字裡，也備有此兩種理由。諸法如，則同體大悲，萬法如一法。無凡聖之隔閡，彼此之分別，如人以一心而統百骸豈能不有感斯應，光明徧照嗎？儒家聖人，尚能從心所欲不踰矩，於應事接物，不加思索而自然合度。何況我佛視衆生如一子，觀大千世界，如見掌上菴摩羅果嗎？

前曾一再教衆生發心：「滅度一切衆生，而無一衆生實滅度者」。今復舉如來不作度衆生之念，以爲典範，使知以果地覺，爲因地心，方不致煮砂成飯，枉費工夫。

何以故？實無有衆生如來度者。若有衆生如來度者，如來則有我、人、衆生、壽者。

「何以故」——是問：何故不作我當度衆生之念呢？「實無」以下是反正兩面的解答。茲分述如左：

「實無有衆生如來度者」——是正面的解答，約義如下：㈠佛具權、實二智，權宜說法，原爲顯實。故所說之法，雖有種種差別，所顯的法性，却是離於一切心緣、文字、言說諸相的一理實智。實智中那有所謂：衆生、如來、度者這些不清淨的妄念呢？所以不作我當度衆生之念。㈡衆生是五蘊假合所現的生相，當體卽空，並非實有。如來證空寂之性，那復執此爲實？以此實無衆生爲如來所度故，所以不作我當度衆生之念。㈢衆生之所以爲衆生者，因有分別執著的妄念，不達諸法如義之故。如來之所以爲如來者，因證諸法如義，無分別執著的妄念之故。所謂度衆生者，也不過以諸法如義，敎衆生離於分別執著的妄念而已，若作我當度衆生之念，便是分別執著，豈能成佛？又豈能度衆生？所以不作我當度衆生之念。

「若有衆生如來度者，如來則有我、人、衆生、壽者」——是反面的解答。意謂：若有我當度衆生之念，則著我等四相。何則？能度者爲「我」；所度者爲「人」；多人爲衆生；念念不斷爲壽者。前敎菩薩發心，曾以若有此四相卽非菩薩爲誡。今如來豈能有此四相嗎？所以說：「汝勿謂如來作是念，我當度衆生」。**須菩提！如來說：有我者，則非有我，而凡夫之人，以爲有我。須菩提！凡夫者，如來說：則非凡夫。**

或問：上文明如來無能度所度之念。然則！如來說法，何以也嘗說有我，例如：「汝等比丘，知我說法，如筏喩者」、「所得功德我若具說者」、「然燈佛與我授記」等等。豈不是如來也有我嗎？

答：如來雖嘗說有我，是依諸法如義的如來性體，方便隨情而假說的，並非眞有。諸法如則法界平等，無有高下，聖凡同體，無佛無衆生，乃至一切名相都無容安立。所以說：「如來說有我者，則非有我」。不過但知取相，不達諸法如義之理的凡夫，於平等法界，見不平等，分別凡聖，以爲如來說有我，也和凡夫是一樣的着有我相而已。所以說：「凡夫之人，以爲有我」。殊不知諸法如義的如來性體，是離名絕相的，佛尚無有，何況凡夫。所以說：「如來說則非凡夫」。

第二十二分　無住、無滅

讚詩

春風無意作安排　蝶自翻飛花自開
不住相非斷滅法　行人何必費疑猜

概論

如來法身無相，隨緣現三十二相。凡夫因情執太深，只見所現的三十二相，而不見無相的法身。所以佛問須菩提「可以三十二相，觀如來不」？須菩提先答：「如是、如是、以三十二相觀如來」。經佛予以破斥後，隨又改答：「不應以三十二相觀如來」。然！如來雖不憑此三十二相得無上菩提，實由無上菩提而現三十二相。固不應執三十二相以觀如來，亦不應滅三十二相發無上菩提。所以佛又反復鄭重的警誡須菩提，敎他不要作「如來不以具足相故，得無上菩提」之念。若作是念發無上菩提者，說諸法斷滅。莫作是念，發無上菩提者，於法不說斷滅相。因法非斷滅，亦不可住故，復舉七寶布施爲喻，作第七次校德，以顯「知一切法無我，得成於忍」的功德之勝。

述要

須菩提！於意云何，可以三十二相觀如來不？須菩提言：如是！如是！以三十二相觀如來。

一般說來，關於本文這類的問答，前來已有多次：第一次問：「可以身相見如來不」？第二次問：「可以三十二相見如來不」？第三次問：「如來可以具足色身見不？如來可以具足諸相見不」？須菩提，皆答以「不可」，或「不應」，可見須菩提久已不住相了。何以於本文所問，忽又住起相來！而答以「以三十二相觀如來」呢？須菩提，雖是代衆生當機，然！前已代衆生不住相，今反代衆生住相，先知後不知，於情於理，似有未合。

要知！前來所問的是「見如來」，這次所問的是「觀如來」，對境爲「見」，諦審爲「觀」。須菩提，以爲見如來必須遺相，因相不是性，不可混淆故。所以對前來諸問，皆答以「不可」，或「不應」，並以「卽非是名」申明其故。然！遺相並非滅相，乃觀諸法如義，

即相是性。所以對這次所問，則答：「以三十二相觀如來」，並預明其故的說：「如是、如是」。意謂：觀諸法緣生而無實，性一眞如而無虛，無實無虛，則諸法一如而皆是，即三十二相的應化身，便是如來法身；因三十二相，亦諸法之一，諸法如，則三十二相亦「如」故。言外：若不觀諸法緣生而達一如之理，則不應執三十二相以觀如來；因三十二相，亦諸法之一，諸法不如，三十二相亦不如故。觀前後的問答，只有淺深的不同，並無住相與不住相的分別。

如此說來，須菩提所答，已極圓融，無論於如來義、中道義、均無不合，然，佛猶於下文予以破斥者何也？爲對初學修觀的人，不宜玄談性相一如之理故。

佛言須菩提，若以三十二相觀如來者，轉輪聖王則是如來。須菩提白佛言：世尊！如我解佛所說義，不應以三十二相觀如來。

佛聞須菩提上文所答：「如是如是，以三十二相觀如來」的話，以爲大謬不然！遂斥之曰：「若以三十二相觀如來者，轉輪聖王，則是如來」。轉輪聖王、有二說：一說是世間福業特勝，慧業不修之人的勝報。與佛同具有三十二相，於增劫時出現於世。此王常乘輪寶，巡視所轄四洲，故名轉輪聖王。一說爲四天王，管四天下，循廻輪照，察人間善惡，故名轉輪。因有漏福業，世稱第一故，亦具有三十二相；因情識未空，仍墮輪廻故，但爲轉輪聖王。可見三十二相，不足爲觀如來的憑藉。所以佛斥須菩提說：如果可以三十二相觀如來的話，那末！轉輪聖王，豈非就是如來嗎？

或曰：須菩提上文的答義，原是觀諸法如義，性相一如。以此而論：莫說是轉輪聖王之相，不能障性，就是所有六道衆生之相，亦何嘗不可以觀如來，似乎不應受到佛這樣嚴峻的破斥。殊不知，非業識盡空，無明盡明，不能觀諸法如義。諸法如義的平等界裡，究竟無我、無法，無絲毫能所對待，及分別執著的痕迹殘存，無所謂如義，亦無所謂觀如來。但這不是初學修觀的人所能做到的，如果做不到這一步，而驟以三十二相觀如來，反走入了能所對待，執相爲性的邪道上去，而不自覺。猶自鳴得意的，以爲這便是諸法如義——性相一如。豈非大謬？怎能不予以破斥呢？

須菩提，得佛方便破解，言下大悟，隨卽掉轉話頭又說：「如我解佛所說義，不應以三十二相觀如來」。佛所說義，唯長老能解，因長老早已如佛所知故。前答以三十二相觀如來者，因恐衆生中，有人執着「諸法如義」之說，認爲可以三十二相觀如來。不得不屈從其意，以待佛之破解耳。所以衆生亦應以長老之解爲解，萬不可把執相爲性，當作性相一如，把三十二相，當作如來觀。必須澄清本源覺海，不住一切有、空諸相，則諸相雖有亦等於無；雖無亦不妨有；有空雙遣，亦復雙融。到此境界則「溪聲盡成廣長舌，山色無非淨法身」了。所以佛復於下文，說四句偈，以明不應著有。說無斷滅相，以明不應著空。意在誡學人，不要光是談玄說妙，一定要脚踏實地的，一步一個脚印，走向自己所了解的最高理境。

爾時世尊而說偈言：若以色見我，以音聲求我，是人行邪道，不能見如來。

爾時——是說上文方罷之時，偈——訓爲竭，是以四句短文，攝盡無窮妙理之義，等於我們所作的詩句。本文就是把上文說不盡的道理，都收攝在短短的四句偈裡。令人如登高遠眺，一覽無餘。所以這四句偈，應合上文一體統觀。「色」字攝一切所見，非但指三十二相。「聲」字攝一切所聞，非但指法音宣流；兩「我」字，指如來法身湛然寂滅：目遇之而無色，豈可以色見？耳遇之而無聲，豈可以聲求？若以色見、聲求者，便是以妄識分別妄境，遊心理外，落於偏邪，不能見正覺常住的如來法身。所以說：「若以色見我，以音聲求我，是人行邪道，不能見如來」。

有人因爲淨土宗，既講色相音聲，又教觀想念佛。不是說佛法有矛盾，便是說淨土非眞宗。不知淨土宗，是以厭離娑婆，空諸一切，專精貫注於佛的依正二報，莊嚴妙相，持名觀想為教法。以持至一心不亂，雖念而無能念所念；觀至是心是佛，雖觀而無能觀所觀為極則。以一生補處，或不退轉為歸趣。與如實空，如實不空的「眞如」，無相無不相的「實相」等理，若合符節。所謂：「方便有多門，歸元無二路」。何得妄加非議，以召致謗法的重罪呢。

須菩提！汝若作是念：如來不以具足相故，得阿耨多羅三藐三菩提。須菩提！莫作是念：如來不以具足相故，得阿耨多羅三藐三菩提。

「若作是念」——是反說。「莫作是念」——是正說。「是」字，指以下「如來不以具足相故」兩句。本文是採以正駁反方式，為誤會上文不應取相，轉而避火投水，離有墮空的人，引發下文「不說斷滅相」，以顯兩邊不著的中道之義。

「具足相」——是三十二相的別稱。上文為遣相故，所以稱三十二相，以示應身生滅幻化，與輪王不異。本文為引發不斷滅故，所以改稱具足相，以示法身隨緣不變，與輪王不一。既不異而又不一，似應身而猶法身。體用賅備，具足無量定慧功德，所以名為具足相。

「阿耨多羅三藐三菩提」——是如來所證得的「無上正等正覺」。不住法身，隨緣度衆，叫做「正等」；不住應身，隨緣不變，叫做「正覺」；是法平等無有高下，叫做「無上」。

由是觀之，上文雖說「若以色見我，是人行邪道」云云。然，如來得阿耨多羅三藐三菩提，亦非與具足相無關。所以警誡須菩提說：汝若作「如來不以具足相故，得阿耨多羅三藐三菩提」之念，則是於上文遺相之義，未能徹悟。當知以色見我，固然是行著相的邪道，若說不以具足相故，得無上菩提，也是行滅相取空的邪道喲。所以又鄭重的說：汝莫作「如來不以具足相故，得阿耨多羅三藐三菩提」之念。

須菩提！汝若作是念，發阿耨多羅三藐三菩提者，說諸法斷滅，莫作是念。何以故？發阿耨多羅三藐三菩提者，於法不說斷滅相。

「斷滅」，就是「斷見」。和與其相對的「常見」，同為邪見稠林裡的極惡者。諸法緣生、緣滅，固不是常；然！因果相續，性畢竟空，亦不是斷。故不可執常，亦不可執斷。執常則不了生滅如幻之非實，而取於有。執斷則不明因果與性空之非虛，而取於空。都非如義，亦非中道。所以上文說四句偈，以明不應執常而取有。又誡以莫作是念，以明不應執斷而取空。**總顯諸法一如的中道之義。**

本文亦是沿用以正駁反方式，明上文「若作是念」之所以非，與「莫作是念」之所以是。「說諸法斷滅」，是「若作是念」之非。「於法不說斷滅相」，是「莫作是念」之是。意謂：汝若作此「如來不以具足相故，得阿耨多羅三藐三菩提」之念，等於說諸法斷滅。「具足相」，原是廣修六度諸法，證如來法身所顯現，也就是隨緣的法身。若謂如來與「具足相」無關，等於說如來不用修六度諸法，也不用隨緣度衆一樣。不修六度諸法，何能具足無量功德，證不住生死的性體？不隨緣度衆，何能法輪常轉，顯不住涅槃的妙用？如此！體用都無，「發阿耨多羅三藐三菩提」的人，豈不把上文所說的「四句偈」，乃至前來所說的「無法發菩提」諸法，都當作斷滅，沒有一法可修了嗎？所以誡之以「莫作是念」。何以故呢？上文所說的「四句偈」，及前來所說的「無法發菩提」，是教衆生不應取著一切法相，並不是說斷滅一切法相喲。

須菩提！若菩薩以滿恒河沙等世界七寶布施，若復有人知一切法無我，得成於忍，此菩薩勝前菩薩所得功德。

本文說有兩位菩薩：一是以滿恆河沙等世界七寶布施的菩薩。一是知一切法無我，得成於忍的菩薩。這兩位菩薩比較起來，後者的功德，勝於前者。這是以第七次校德，總結前來所說諸法，使知前來所說，千言萬語，不外教人得成於忍。何以前六次校德，皆顯持說此經的功德之勝，這次校德，獨顯得成於忍的功德之勝呢？爲明持說此經的功德，在於知一切法無我，得成於忍。如不知一切法無我，得成於忍，雖持說此經，亦無功德之可言。知一切法無我，得成於忍，由於持說此經故。若不持說此經，怎能知一切法無我，得成於忍呢？

一切法無我——是世出世間一切染淨諸法，如：五蘊、十二處、十八界、六度萬行等，本來皆無；因緣生故，那復有我？「成」是成就。「忍」是無生法忍。通達一切法無我，本來不生之理，將眞智安住於此理而不動：不生「生滅」；不起「業行」；不退轉於阿耨多羅三藐三菩提，叫做「得成於忍」。依仁王經說，得成此忍的菩薩，在七地以上。可知以七寶布施的菩薩，尙在七地之前。所以說：「此菩薩，勝前菩薩所得功德」。

細玩文中兩個若字，便知前後兩個菩薩，是就修行過程中的兩個階段而言，前者是尙在行布施的階段，後者是已至成忍的階段了。爲促使行人精進故，特作此校顯。若看成兩個菩薩，那末！通達無我法者，如來才說名眞是菩薩哩，但以七寶布施者，何以也名爲菩薩呢？

須菩提！以諸菩薩不受福德故。

上文擧前後兩位菩薩相較，後菩薩因知一切法無我，得成於忍故，勝前菩薩所得功德。然則！知一切法無我，不過是解悟而已，何以便能得成於忍？本文即是以「不受福德」來釋明其故。

諸菩薩——是指得成於忍的菩薩而言。因爲這些菩薩，不受福德之故，所以才得成於忍。這是鼓勵行人，對六度之法，不但能知，而且要行；直行到「不受福德」的地步，始克徹底無我而成於忍。萬不可掉以輕心，停止在少分知解或布施求福的中途，甚至開倒車，退轉到不堪收拾的地步。勉之！勉之！

須菩提白佛言：世尊！云何菩薩不受福德？須菩提，菩薩所作福德，不應貪著，是故說不受福德。

上文說：以不受福德故，得成於忍。然則！「福德」，是由修布施因緣所得的果報，按因果定律，既已修因，不能無果，怎麼能够拒而不受呢？與其不受，何如不修？這是一般人對不受之理，最易發生的疑問。此理不明，則不能不受；不能不受，則不能得成於忍。所以須菩提有此「云何菩薩不受福德」的一問。

貪愛欲境而取著於相，叫做「貪著」，爲三毒之最，修行的最大障礙。修因必定證果，法爾如是，固不能拒而不受；然！所謂不受者，既非拒絕福德，更非不修善法，不過修善法的動機，並非爲貪著福德的果報，而是行其所無事，爲其所無爲罷了。若不修善法，則著於空，而成斷滅。何以利益一切衆生？若貪著福德，則著於有，而非無我，何能得成於忍？如此！著空著有，殊非中道，怎麽能爲菩薩呢？所以佛答須菩提：「菩薩所作福德，不應貪著，是故說不受福德」。

第二十三分　妙釋如來

讚詩

不動尊王一念離　何言來去見威儀
須知月運因雲駛　莫把舟行當岸移

概論

佛所說的如來——法身，是絕諸對待，離於言思；無以名名，强名之曰如來；無法形容，强形容以法身的。若有人執著「來」字的名相，一路聯想到：若來、若去、若坐、若臥的種種儀態，則是於佛所說義，未能徹底了解。所以佛除斥之以「不解我所說義」外，更以「無所從來，亦無所去」，釋明如來妙性，以破其著。

述要

須菩提！若有人言：如來若來、若去、若坐、若臥。是人不解我所說義。

佛呼須菩提的名，以示鄭重的說：我所說的如來，是性德的稱謂，並非有來去諸相。倘若有人執著名字，繪影繪聲，煞有介事的說：如來既然有來，亦必有去，既有來去，必有坐臥。如此聯想起來，大有儀態萬千，形容不盡之概。這種人，對我所說的如來義，是不了解的。

佛說一切法，無非敎衆生離一切諸相，見自性如來。所以如來的含義，於一切法，賅無不盡。如果不解如來義，亦即不解一切法義。今是人，既執着如來的名字，認爲如來有來、去、坐、臥諸相，亦必執著一切法的名字，認爲一切法，亦各各有其相。如此著相迷性、便是於如來義，及一切法義，全然沒有了解，所以佛斥之以「不解我所說義」。然則！佛所說義，是怎樣的解釋呢？下文便是。

何以故？如來者，無所從來，亦無所去，故名如來。

本文是佛自問自答，爲不解佛所說義的人，所作的解釋。意謂：何以說如來有來去坐臥等相的人，爲不解我所說義呢？因爲我所說的如來，不是那樣解釋，而是常住不動，徧一切處的法身。旣常住不動，那有來去？旣徧一切處，又何須來去？所以纔名爲如來哩。

問：如來的釋義，既如上說，然！衆生確曾見如來有來去等相，其理云何？答：如來法身常住不動，爲萬法之本體，因法性本空，無所動故。如來法身徧一切處，爲眞如之妙用，因眞如隨緣，無所不現故。約不動之本體言，名爲法身；約隨緣之妙用言，名爲應身。體爲用之體；用爲體之用；法身不動，應身亦未嘗動。如：大日當空，寂然徧照；寂而照、照而寂，寂照同時；而日無所謂寂、無所謂照、無所謂不照。唯因物體的向背，和隱匿的關係，而有早照、晚照、或照、或不照，以及明暗之度的分別。衆生之見如來亦爾。以其修習業力之深淺，有見、有不見、有時見、有時不見，而成爲應身的來去之相，不知法性本空，相隨心現耳。

前在究竟無我分裡，說如來爲「諸法如義」。今又說如來爲「無所從來，亦無所去」。前說重在「如」字，如則泯一切法，證眞如之體。今說重在「來」字，來則立一切法，顯眞如之用。如則非法，不取於相。來則非非法，亦不斷滅相。因如而來，非法而法，當不取時，卽不斷滅。因來而如，法而非法，當不斷滅時，卽不取。如此圓觀，則徧法界盡如而來，盡來而如，豈非無所從來，亦無所去嗎？

第二十四分　世界非實

讚詩

齊東野語信流傳　鬼斧神工造大千
萬法唯心豈實有　生生滅滅總因緣

概論

上分以「如來無所從來，亦無所去」之理，破衆生對一切法相的取著，使之隨順契入法本不生的心源。然衆生最易取着的是：與其有密切關係的依報國土——世界。所以本分復舉「三千大千世界碎爲微塵」爲例，使知世界微塵尚非實有，何況其他諸法而爲實有嗎？世界微塵之相，尚不可著，何況其他法相而可著嗎？一切不著，空有無碍，則在纏法身，就脫然出纏了。

述要

須菩提！若善男子，善女人，以三千大千世界碎爲微塵。於意云何，是微塵衆，寧爲多不？

「善男子，善女人」——是指發菩提心的人而言，非世間修有漏善業者所可並論。「世界」是衆生的依報，若以一般衆生着相的眼光來看，以三千大千世界碎爲微塵，似乎是不可能的事。然以發菩提心者的智慧觀察，世界原是一粒一粒的微塵所結合；既爲微塵所結合，當然仍可碎爲微塵，這是世界成住壞空，法爾如是的幻相，並非用人力予以粉碎。世界愈大，所碎的微塵亦愈衆；微塵愈衆，愈顯得世界如幻。若再推論，衆生的依報如幻，正報豈不如幻？世尊爲測驗長老是否了知一切如幻之理，所以有此「是微塵衆，寧爲多不」的一問。

甚多，世尊！何以故？若是微塵衆實有者，佛則不說是微塵衆。

「甚多」之答，是須菩提從佛所問「是微塵衆」的衆字上體會得到的。何以知之？看他「何以故」下所作：「若是微塵衆實有者，佛則不說是微塵衆」的申明便知。世界非實，故可碎爲微塵，所碎的微塵愈衆而愈微，乃至於無，愈顯得世界非實，微塵亦非實。世界非實，固不易知，微塵非實，尤難了悟，所以凡夫執有，二乘析空。世尊爲示以當體卽空的大乘空觀，所以在微塵下，加一「衆」字。長老一聞便知，所以答曰：「甚多」，又申明其所答甚多之故曰：「若是微塵衆實有者，佛則不說是微塵衆」。

所以者何？佛說微塵衆，則非微塵衆，是名微塵衆。

本文是須菩提，根據佛在「持經校德」分裏所說「微塵世界則非是名」的話。證明其所說微塵衆並非實有之所以然。茲不避煩瑣，再略釋如下：凡有言說，都非實義，「微塵衆」既是佛說，可知其爲緣生假有，當體卽空了。因其當體卽空，所以說：「則非」。因其緣生假有，所以說：「是名」。觀其「則非」，則不著於有；觀其是名，則不著於空；當其有時卽空，不待析而後知；當其空時卽有，何須壞其假名；空有同時，則兩邊泯而中道亦亡；是謂「大空」。

世尊！如來所說三千大千世界，則非世界，是名世界。

如來所說三千大千世界，既可碎爲微塵，可知世界不過是微塵的大者，微塵不過是世界的小者。那末！上文說微塵衆，則非、是名，教人空有不著，卽中道亦無從安立。小者如是，大者豈不如是嗎？所以說三千大千世界，也和微塵是一樣的：「則非世界是名世界」。如是觀一切諸相，小如微塵，大如世界，都非實有，霎如雲開月現，則見如來。

何以故？若世界實有，則是一合相，如來說：一合相，則非一合相，是名一合相。

「何以故」——是須菩提自問，何以世界並非實有之故。以下是須菩提自答。「若」字是假設之詞，「一合相」——是一而非異，合而非散之謂。意謂：設若有人認爲世界是實在有的話，便是誤會世界在沒有碎爲微塵之前，儼然是一而非異，合而非散的一合相，這個一合相的世界，豈非實有嗎？所以說：「若世界實有，則是一合相」。殊不知！當微塵合而爲世界之時，這個世界卽刹那不住的變壞，所謂「成、住、壞、空」，實際上只有成壞空而沒有「住」，因爲當其住時卽是壞時，在沒有壞到碎爲微塵的瞬間，暫名之曰「住」而已。可見世界是微塵乍合乍散，並非一而非異，合而非散的一合相，不過假名爲一合相罷了。所以說：「則非一合相，是名一合相」。彼認爲世界是實有的人，觀此就可以瞭然了。

須菩提！一合相者，則是不可說，但凡夫之人，貪著其事。

基於上文所說，但是微塵乍合乍散，乃至於空，而不見世界之實有，所謂一合相者，一卽非一，合卽非合，不過假名爲一合相而已。以「性空」言，不能定說是一合相，因法本不生，不可執實故。以緣起論，不能定說不是一合相，因假名非無，不可執虛故。若達此無實、無虛之理，則卽相是性，絕諸對待，離言說相，離名字相，凡由對待所起的名相：若微塵若世界、若一合相等……俱不可說，所以說「一合相者，則是不可說」。凡夫之人，於一切事相，不達緣起性空之理，執以爲實，妄生貪著。眼著色，則合色塵；耳著聲，則合聲塵；乃至意著法，則合法塵。如此合塵背覺，著相迷性，造業受報，隨成生死。所以說「凡夫之人，貪著其事。」

第二十五分　見無所見

讚詩

未曾除妄事先差　疑似快刀斬亂麻
不覺我人衆與壽　無非病眼見空華

概論

妄境熏妄心，妄心取妄境，見、相二分，相依爲妄。所以本經每爲離見而說離相，爲離相而說離見。心外無法，相起於見，而見之一分，實爲妄本。所以除妄尤以離見爲根本之法。本分卽基於此種理論，以離見爲不生法相的前方便，以不生法相，爲離見的效果。然除妄並非斷滅，斷滅亦是邪見。故以「卽非」明四見本空，以「是名」明四見緣起。於一切法，應如是知、見、信、解，不生法相，法相亦復如是卽非法相，是名法相。

述要

須菩提！若人言：佛說我見、人見、衆生見、壽者見。須菩提，於意云何，是人解我所說義不？世尊！是人不解如來所說義。

衆生以分別計執，視我、人、衆生、壽者等虛妄諸相為實有，叫做我見、人見、衆生見、壽者見。此等執見，實為衆生生死煩惱的根本所在。所以經中除破我、人等四相的明文，屢見不鮮外，他如：般若非般若的離名字相；無法可說的離言說相；三際心不可得的離心緣相；與夫無我法等說；也都不出破此四相執見的範圍。苟能解佛所說義，決不會還有我、人等四相的執見，也決不會說是佛說。今是人居然執有此四見，而且舉佛說為證，所以佛問須菩提：「是人解我所說義不？」須菩提答曰：「是人不解如來所說義」。

何以故？世尊說：我見、人見、衆生見、壽者見，即非我見、人見、衆生見、壽者見，是名我見、人見、衆生見、壽者見。

「何以故」——是須菩提自問：何以我說是人不解如來所說義呢？以下是須菩提自答。意謂：凡所有相，皆是緣起性空，不可執實，也不可執虛。所以經中每說遣相，輒以「即非」明緣起之非實，而達於性空；以「是名」明性空之非虛，而不碍緣起；以「即非是名」演無實無虛，性相一如的菩提妙法。我、人等見，爲諸相濫觴的本源，自亦應以「即非是名」之理，予以澄清。今是人，但言佛說我、人等見，而於「即非是名」之義，不曾道及。所以說：「是人不解如來所說義」。

因不解故，特說本文予以開解？當觀凡所有相，皆我能見與所見的變現，捨我能、所，就一無所有了。據此可知，凡所有相，皆是虛妄，而我能、所，即是妄本。修行要在除妄，除妄須從根本入手，所以佛說「即非我見」，以明根本除妄之理。然！除妄並非閉明塞聰，斷滅諸法，當知我見既非，誰爲能斷誰爲所斷，纔起能、所，便又著我見了。所以佛並說「是名我見」，以明根本除妄之法。了我見即非，則不執以爲實，而著於有邊。了我見是名，亦不執以爲虛，而著於空邊。虛實俱無，有空不著，則根塵頓脫，於六塵境相，就無所見，無所不見了。見順境不以爲順；見逆境不以爲逆；雖歷無邊生死、度無量衆生、證無餘涅槃，亦不見有生死可了、衆生可度、涅槃可證。因妄見已徹底根除，除妄即是證眞，眞如隨緣，何妨是名，所謂：「夢中佛事，水月道場」，那裡還見有生死可了、衆生可度、槃涅可證呢？

須菩提！發阿耨多羅三藐三菩提心者，於一切法，應如是知、如是見、如是信解，不生法相。

本文是全經的終結，故與經初首尾相應。何則？一開經世尊即爲發阿耨多羅三藐三菩提心者，說「應如是住，如是降伏其心」之法，且誡之以「諦聽」。今告結束，又囑其「於一切法，應如是知、如是見、如是信解，不生法相」。豈非首尾相應嗎？「一切法」——是指世出世間一切諸法。「如是」——是指經中所說諸法。「知、見、信、解」——分而言之：洞鑒一切法的理性，叫做知；理貫一切法的事相，叫做見；從事於知見的工夫，叫做解；所解不謬，決定不疑，叫做信，是謂不一。合而言之：知則於見信解，一切皆知；見則於知信解一切皆見；乃至信解，亦復如是，是謂不異。

發阿耨多羅三藐三菩提心者，於一切世、出世法，皆應如是經所說的知爲知，所說的見爲見，所說的信解爲信解。例如：三際心不可得，緣生性空等說，爲其所應知。五眼觀沙界，不執一異等說，爲其所應見。信心清淨、則生實相、深解義趣、了人法二空等說，爲其所應信應解。如果發菩提心者，於一切世、出世法，都如是知、如是見、如是信解，就諸相皆離，安忍於法本不生之理，而不動一念了。

須菩提！所言法相者，如來說：即非法相，是名法相。

此明上文所言不生法相，並不是但無法相，而且是亦無非法相。何以故呢？如來說：即非法相，是名法相。意謂：經中凡言「即非是名」，皆是對諸法而言如義。「即非」是明法性即空；即空則無法相。「是名」是明法相即假；即假，則無非法相。即空即假，即假即空，則性相一如而皆是。發菩提心者，於一切諸法，既應如是經所說，而知見信解，故應如是觀一切法，皆是即非是名，性相一如。如來者，即諸法如義，所以說：「如來說：即非法相，是名法相」。

第二十六分　六喻顯空

讚詩

無邊生死債難酬　妙法輕輕一筆勾
但把六如觀萬有　不休休處也休休

概論

本分爲示勸流通弘揚此經故，作最後第八次以財施與法施相較，極顯法施之福勝。並示演說此經的要領，應以義該全經的「不取於相，如如不動」爲旨趣。因此經博大精深，如不以此爲旨趣，演說起來，必致漫無所歸，聞者就莫明其妙了。又以夢、幻、泡、影、露、電等喻，明諸法本空，故不應取。因不應取故，於臨境時，應作如夢等觀，以收不取之效。如是觀一切有爲諸法，便一如而皆是無爲不動的本體了。佛說此經，至此已告究竟圓滿，與會聽衆，除四衆弟子以外，還有一切世間天、人、阿修羅等，無不充滿法喜信受奉行。

述要

須菩提！若有人，以滿無量阿僧祇世界七寶，持用布施。

本文是爲示勸流通弘揚此經故，復引七寶布施，作最後第八次與持說此經相較，以爲顯弘揚此經福勝的張本。「若有人」——是設或有人，以示不可多得之意。「阿僧祇」——此謂無央數。布施原爲修福的因緣，福之大小，與布施的多寡，適成正比例，若有人以充滿無量無數的世界之多的財寶，用作布施，確屬難能可貴，其福報之大，可想而知。然！財施畢竟是有爲法，其福報無論怎樣大，到頭來總還是三界輪廻的苦因。怎能比下文所說無爲法施的福勝呢？

若有善男子、善女人，發菩薩心者，持於此經，乃至四句偈等，受持讀誦，爲人演說，其福勝彼。

上文稱財施的人爲「若有人」，本文稱法施的人爲「發菩薩心者」。即此，便知財施的福，不及法施的福勝了。何以故？非無爲法施，不能自度度人，入無餘涅槃；非發自度度人，入無餘涅槃之心，不得謂之發菩薩心。自度度人入無餘涅槃之福，自非彼有爲財施，報在人天者，所可比擬。

「持於」，即是「持用」，上文說財施所持用的是：滿無量世界的財寶；本文言法施所持用的是：此經乃至四句偈等的法寶。「受持讀誦」，是自度。「爲人演說」，是度人。發菩薩心者，受持讀誦此經，原爲爲人演說，敎人也受持讀誦，也爲人演說。如是燈燈相然，光明徧照，度無量衆生，入無餘涅槃，其福豈不勝彼以滿無量世界的寶施嗎？

前來校勝，多言「爲他人說」，今言「爲人演說」者，深具有流通弘揚之義，所以緊躡本文之後，有「云何爲人演說」的專文。

云何爲人演說？不取於相，如如不動。

「云何爲人演說」——是問：此經是博大精深的般若妙法，若演說全經，應以什麼爲旨趣？如無旨趣，必致散而不收，漫無所歸，使聞者如墮五里雲霧，茫然不知所以。若演說四句偈，應以什麼爲原則？如無原則，必致無從說起，或斷章取義，顧此失彼。「不取於相，如如不動」——是總答：應以這兩句爲演說全經的旨趣，四句偈的原則，因其義該全經故。

不取於相，並非有能取之心，與所取之相而不取，而是根本沒有能取之心，與所取之相。因諸法緣生，虛幻假有，當體卽空故。如是了知，勤修離幻，則心境双忘，一念不生，便是眞如。眞如具「隨緣、不變」二義：眞如隨緣，現一切相；一切相，本一眞如，故曰「如如」。眞如不變，不生不滅，故曰「不動」。全經所說義，都不外這兩句話的範圍，例如：無我、人等四相，一切法應無所住，法與非法皆不應取等類，都是「不取於相」之義。無實無虛，一切法皆是佛法，是法平等，諸法如義等類，都是「如如」之義。入無餘涅槃；則生實相，無所來去等類，都是「不動」之義。所以如以此爲演說全經的旨趣，便不致漫無所歸，聞者卽可領會法要，知所以行。如以此爲演說四句偈的原則，便不致斷章取義，顧此失彼，聞者亦可領會法要，知所以行。

然本文應看重「演」字，如果只說而不演，不但這兩句不能義該全經，卽全經亦無法以此兩句爲旨趣。何以故？文字是能藏般若；般若爲文字所藏。如果不把這個能藏般若的文字葫蘆打開，裡頭縱有般若妙藥，也是枉然，觀照實相，終成隔膜。如此！既不能不取於相，又何能如如不動呢？那末，要想打開這個文字葫蘆，就非演說不可了。但是演說般若，和世間的學術演講不同。必須於能說的我相，所說的法相，聞者的人、衆生相，說時的壽者相，概不取著。如此！四相皆無，三輪體空，以不動心，說如如法。夫而後才能不封文滯見，應衆生機，說無定法，開會遮表，自在無碍；如水之隨方就圓，月之普印千江，法雨沛潤，大化有情。是眞「爲人演說」。「爲人演說」是事，「不取於相，如如不動」是理；「不取於相」是事，「如如不動」是理；依理行事，以事顯理，卽理卽事，卽事卽理，理事無碍。是眞「不取於相，如如不動」。

何以故？一切有爲法，如夢、幻、泡、影，如露、亦如電，應作如是觀。

「何以故」——是問不取於相之故爲何？以下是答。意謂：因爲世間一切事相，都是有爲造作，緣生緣滅，空無自性，好像夢、幻、泡、影、露、電等一樣。所以於一切法，應作如夢等觀，而不取於相。

云何如夢？夢是：睡眠中失去理智控制的獨頭意識（潛意識），反映其身心所曾受的刺激和觀念，而現苦、樂、悲、歡、恐懼等種種妄相，醒來全無。人生世間，順逆諸境，苦樂等受，也是無明業識的有爲妄作，迷有覺無，如夢黃粱。所以喻之以夢。

云何如幻？幻是：幻術家憑其技巧的快速，和秘密的安排，掩人耳目，變幻種種似眞非眞的滑稽戲法。世間一切現象，也是白雲蒼狗，瞬息萬變的，如：英雄老去；紅粉白頭；秦宮瓦礫；烏衣夕陽等，無一事不是業力的技巧安排，所變幻的滑稽戲法。所以喻之以幻。

云何如泡？泡是：水因激流急湍，爲空氣所鼓動，而泛起的浮漚。漚起名泡，落還爲水。衆生性本眞如，因被業風所鼓動，妄起生滅諸相。生滅相起，名有爲法；生滅相滅，還爲眞如，與泡相似。所以喻之以泡。

云何如影？影是：人物因光所生的陰暗之部，酷似人物而非人物。尤以放映的影劇，更爲逼眞。然人物之影，雖非人物；而人物所在，必有影現。世間凡所有相，都是智慧光明所照不到的無明業影，似是而實非。雖非實有，然無明妄動，必現業影。所謂「萬般將不去，惟有業隨身」。所以喻之以影。

云何如露？露是：夜間與地面接觸的水蒸氣，遇冷凝結爲水珠，附於草木，日曦卽滅。世間一切有爲法，皆是衆生徧計所執的凝固。一遇般若觀照，則當體卽空，與露無異。所以喻之以露。

云何如電？電是：雲中所含的陰陽二電，互相吸引，發出閃爍不定的電花，人物觸之輒被毀滅。世間有爲諸法，無常遷變，刹那不住，也和閃爍不定的電花一樣，衆生一著其相，卽被拖入生死苦海，不得出離。所以喻之以電。

衆生自無始來，爲無明所惑，於一切法，徧計所執，障住了如如不動的本覺性體。一旦令其不取於相，談何容易。故舉夢等六喻，使知諸法本空，不應取著。然後於臨境時，便作如夢等觀。如是觀順境，則不起貪念；觀逆境，則不起瞋念；乃至觀生死煩惱，亦一念不生。如是作觀，卽一切有爲法，便是如如不動的無爲本體。

佛說是經已。長老須菩提，及諸比丘、比丘尼、優婆塞、優婆夷、一切世間天、人、阿修羅，聞佛所說，皆大歡喜，信受奉行。

「佛說是經已」——是佛說此金剛般若波羅蜜經，業已究竟圓滿。以下是明機緣相扣，師資道合，與會聽衆如長老須菩提，乃至阿修羅等，都能充滿法喜，信受奉行。

因長老是法會的當機，故居前列。諸比丘、（譯爲乞士、破惡、怖魔）比丘尼，是出家受具足戒的男女二衆，故次之。優婆塞、優婆夷（譯爲淸信男、女，近事男、女，信奉教法，承事三寶之義）是在家歸依三寶並受五戒的男女二衆，故又次之。以上都是佛弟子，此外尙有其他一切世間（十方無量世界），天、人、阿修羅（譯爲無端，貌醜好鬪之義）等，皆以神通力故，與會聞法，故居後列。這是法會依於戒律，所排列的順序。至若菩薩摩訶薩、阿羅漢等，都在佛弟子之列，故不另擧。

「聞佛所說，皆大歡喜，信受奉行」等句，與前「須菩提聞說是經，深解義趣」一段相應。前須菩提聞說是經，因深解義趣，感激得涕泪悲泣。今與會聽衆聞佛所說，當然也是因深解義趣，自在得皆大歡喜。前須菩提得聞如是經典，信解受持不足爲難。今與會聽衆聞佛所說，信受奉行，寧非易事？然此經所說，不外教發菩薩心者，爲人演說「不取於相，如如不動」的要義，以自度度他。今聽衆既都信受奉行此經，自當如是爲人演說，使一切衆生之類，皆得深沐佛恩，乘此法筏，度過二障迷流，而登菩提覺岸。這樣就不負世尊的善護念與善付囑了。

金剛般若波羅蜜經探微述要竟

結論

佛本無法，方便有說；又慮執法，復隨說而隨遣。以示名句文身，僅爲載道之器，並非所載之道；僅如標月之指，並非所標之月。然！載道之器，雖非所載之道，學人必由器而達道。如標月之指，雖非所標之月，觀者必順指而見月。以載道之器，標月之指言，可以說是宗門之教，因其以無住三昧爲所說之教故。以所載之道，所標之月言，可以說是教門之宗，因其說教的宗趣爲無住三昧故。如是以宗說教，以教顯宗，宗教同歸心源。這就是金剛般若之所以爲金剛般若，而能超越戶限，總持法門的特點。

因爲是總持法門，所以能普被萬機。因爲能普被萬機，所以世尊在祇園會上，說本經時不斷以「受持讀誦，爲他人說」，向與會聖衆，耳提面命的殷殷付囑。後來菩薩，暨諸先德，爲依教奉行，續佛慧命故：或應一方之機，或乘一時之便，論疏注述，代不乏人，無不見仁見智，各舒所長。其目的，無非在誘導衆生，由此載道之器而達道，順此標月之指而見月。衆生因此而得度者，難以數計。自六祖大師聞本經「無所住而生其心」悟道後，禪家即以本經代楞伽而印心。一般善信，亦對本經的推崇與受持，更千百倍於往昔。幾至家諭戶曉，雷厲風行，成就功德，亦復無量。可見「爲他人說」的重要性爲何如了。儒言：「人能弘道，非道弘人」，其斯之謂歟。

然！說佛無所說之說，其說甚難。行菩薩無所行之行，其行匪易。不慧何人，而敢望此？不過乘獅刋之便，應末法之機，依敎奉行，略盡沙門之分罷了。自審所述，雖無杜撰之嫌，却乏生公之創見；雖非古德牙慧，却屬一味之歸趣。法源深妙，豈可不探其微；萬言難盡，只宜扼要而述。至於聞者：或信而行之，或哈哈大笑，乃至疑非正論，謗爲魔說，各隨機感，自有分齊，應非「不慧」所能顧及。惟恃區區願力，率爾以蠡測海，質諸高賢，當受棒喝，似無可逭也矣。

國家圖書館出版品預行編目資料

金剛經探微述要／普行法師著. -- 初版. -- 新北市：
華夏出版有限公司, 2022.02
面；　公分. --（Sunny 文庫；214）
ISBN 978-986-0799-81-1（平裝）
1.般若部

221.44　　110020735

Sunny 文庫 214
金剛經探微述要

著　作　普行法師
印　刷　百通科技股份有限公司
電話：02-86926066 傳真：02-86926016
出　版　華夏出版有限公司
220 新北市板橋區縣民大道 3 段 93 巷 30 弄 25 號 1 樓
電話：02-32343788　傳真：02-22234544
E-mail：pftwsdom@ms7.hinet.net
總 經 銷　貿騰發賣股份有限公司
新北市 235 中和區立德街 136 號 6 樓
電話：02-82275988　傳真：02-82275989
網址：www.namode.com
版　次　2022 年 2 月 1 版
特　價　新台幣　420 元 (缺頁或破損的書，請寄回更換)

ISBN：978-986-0799-81-1